느헤미야 렉처 시리즈 03

균형의 미학
흑백논리와 양자택일을 넘어서

김 형 원

Nehemiah

이 책은 2023.11.4 오전 11시 느헤미야컨퍼런스에서 발표된
느헤미야렉처 "'either/or'를 넘어 'both/or'로"를 정리한 것입니다.

03 균형의 미학
흑백논리와 양자택일을 넘어서

지은이   김형원
초판발행   2024년 10월 22일

펴낸이   배용하
책임편집   배용하
등록   제364-2008-000013호
펴낸 곳   NICS
등록한 곳   충남 논산시 매죽헌로 1176번길 8-54, 101호
대표전화   041-742-1424   전송 0303-0959-1424

분류   기독교 | 기독교세계관 | 신앙
ISBN   979-11-969079-6-9
                979-11-969079-0-7   세트 04230
가격   10,000원

균형의 미학

흑백논리와 양자택일을 넘어서

목 / 차

1. 어느 쪽이 옳을까?

1. 정약용과 정약전

　영화 '자산어보'는 정약용에 비해서 상대적으로 덜 알려진 정약전을 중심으로 하는 이야기입니다. 정약용과 정약전 둘 다 유배를 갑니다. 약용은 강진으로 약전은 흑산도로. 유배지에서 두 사람은 학자답게 열심히 연구에 매진합니다. 그 결과 약용은 목민심서와 경세유표 등 수많은 책을 저술합니다. 그의 관심사는 조선의 왕정과 관리 체제를 인정한 상태에서 더 나은 세상을 꿈꾸는 것이었습니다. 반면에, 약전은 흑산도 주변 어류에 대해 탐구한 자산어보라는 책 하나만 저술합니다.

　어느 날 약전의 자산어보 저술을 돕고 있던 창대라는 서자가 약전에게 왜 약용이 쓴 것과 같은 책을 쓰지 않느냐고 물었습니다. 즉 국가에 좀 더 직접적인 도움이 되는 책을 쓰지 않는 이유를 묻는 것이었습니다. 약전은 이유를 대답해줍니다. 약용과는 달리 그는 현재 조선의 왕정 자체가 잘못 되었다고 생각하기 때문이라는 것입니다. 그는 이상적인 사회는 양반과 상놈도 없고, 임금과 백성도 없는 세상이라고 생각합니다. 그래서 현실을 인정한 상태에서 조금 나은 모습을 만들어보려는 '개혁'을 위한 정약용의 저술과 같은 글을 쓸 수 없다는 것입니다. 그것은 부조리한 현실과 타협하는 것과 다를 바 없기에 그는 '이상'을 추구하면서 현실에서 한 발 물러서서 양반들이 거들떠보지도 않던 어류 연구에 매진한 것입니다. 그의 재능과 능력을 낭비하는 것처럼 보이는 선택이었습니다.

그러나 약전의 제자였던 창대는 약전의 자산어보보다 약용의 목민심서의 길을 택하기로 결심하고, 그 이유를 이렇게 설명합니다. "임금 품에 들어가야 현실적으로 백성들을 위할 수 있지 않겠습니까?" 약용의 '현실 개혁론'에 동조한 것입니다. 글공부를 익히고 똑똑하다는 소문이 나자 창대의 아버지는 그를 양자로 들이고 양반으로 만들어 과거 시험을 보게 합니다. 초시에 합격했지만 대과에는 불합격하게 되는데, 그 이유가 연줄이 없기 때문이었습니다. 결국 그는 현실의 탐관오리 체계에 염증을 느끼고 다시 흑산도^{자산도}로 돌아옵니다.

영화는 정약용은 유배지에서도 현실 정치와 사회에 지대한 관심을 갖고 변화를 시도해보려는 사람으로, 반면에 정약전은 시대를 비판하면서 거리를 두려는 사람으로 묘사합니다. 그래서 마치 약용은 현실의 한계에 갇힌 인물이고 약전은 역사를 초월하는 정신을 붙들려는 사람으로 나타납니다. 그런데 정말로 그럴까요? 약전의 이상론은 시대를 앞서가는 위대한 사상이고 약용의 현실론은 당대 왕정이라는 한계를 넘어서지 못하고 그 안에서만 움직이려는 좁은 견해일까요? 혹시 이런 생각과는 반대로, 약전의 이상론은 현실을 무시하면서 현실 세계를 살아가고 있는 백성들에게 실제적인 도움을 주지 못하는 현학적인 태도에 불과하고, 오히려 약용의 현실론이 동시대의 고단한 삶을 이어가고 있는 민중을 조금이라도 실제적으로 도울 수 있는 노력인 것은 아닐까요? 두 사람의 접근법 중 어느 것이 옳을까요? 여러분이 이런 상황에 있었다면 어떤 입장을 취했을까요?

다른 각도에서 생각해봅시다. 두 사람의 견해가 배타적이어서 반드시 둘 중 하나만 취해야 하는 것일까요? 둘 중 하나만 옳은 것일까요? 오히려 하나만 옳은 것이 아니라 둘 다 필요하고 옳다고 볼 수는 없을까요? 둘 다 취하면서 균형을 잡는 방법은 없을까요? 이상 사회를 실현하려는 원대한 목적을 포기하지 않고 그것을 위한 노력을 하면서, 동시에 현실의 한계 속에서 작은 변화라도 이루어보려는 노력을 지속적으로 하는, 두 가지 모두를 함께 붙잡는 선택지는 없을까요? 두 사람의 견해와 접근법이 서로 배타적인 것이 아니라 서로 조화를 이루면서 동시에 견지해야 할 것들은 아니었을까요?

2. 자기 계발서

소위 '자기 계발서'라는 장르의 책을 읽어본 적이 있나요? 시간 관리 방법, 인간관계를 성공적으로 맺는 방법, 사람을 사로잡는 리더십의 비결, 직장에서 성공하는 비법, 성공하는 사람의 습관, 성공하는 사람의 사고방식, 등등. 주제와 종류는 거의 무한대에 이릅니다. 현실 사회에서 성공하는 비결을 알려준다는 자기 계발서가 언제나 베스트셀러의 상위권을 차지하고, 서점에서도 가장 좋은 위치를 점령하고 있습니다.

자기 계발서를 저술하는 사람들은 자신이 생각하는 성공의 법칙을 따랐기에 성공한 사람들의 예를 풍부하게 보여줍니다. 독자들도 이 사람들처럼 얼마든지 성공할 수 있다는 희망을 주려는 의도입니다. 사람들은 이런 예시에 현혹되어 자신도 그 사람들처럼 성공의 길을 꿈꾸면서 끊임없이 자기 계발서를 구입하고 밑줄을 그으면서 정독합니다. 그런데 정말로 자기 계발서는 저자나 출판사가 광고하는 것처럼 효과가 있을까요? 책이 알려주는 비법(?)을 따르면 누구나 성공할 수 있을까요?

서점의 다른 쪽 구석에는 자기 계발서를 비판하는 책들이 조용히 사람들의 손길을 기다리고 있습니다. 그 책들은 자기 계발서가 사람들을 현혹하여 허황된 성공의 꿈을 심어주는 것에 불과하며, 그런 책을 읽고 따라한다고 결코 성공할 수 없다고 주장합니다. 심지어 어떤 사람들은 자기 계발서를 통해서 성공한 사람은 오직 그 책을 팔아서 돈을 번 저자들뿐이라고 주장하기까지 합니다. 정말로 그런가요? 자기 계발서는 전혀 효과가 없을까요? 그것을 읽는 것은 시간과 돈을 낭비하는 것일까요?

한쪽에서는 자기 계발서의 효과를 열을 내면서 선전하고 있고, 반대쪽에서는 그런 책들이 전혀 무가치하다는 식으로 비판하고 있습니다. 자기 계발서는 마치 만병통치약과 같은 것이어서 그것을 읽지 않고 따르지 않는 사람들만 손해일 것 같은 느낌이 옳을까요, 아니면 이런 종류의 책들은 독자의 성공 욕구를 사탕발림으로 만족시켜서 현혹하려는 유혹에 불과한 것일까요? 한쪽 말을 들으면 그것이 옳은 것처럼 보입니다. 그러나 다른 쪽 말을 들으면 그것도 옳은 것처럼 들립니다. 어느 쪽 주장이 옳을까요?

이 문제를 다른 방향에서 생각해 봅시다. 어느 쪽 입장이 옳고 다른 쪽 입장은 틀리다고 말하는 것이 옳을까요? 즉 자기 계발서는 정말로 도움이 된다는 입장과 그것이 결코 도움이 되지 않으며 자기 만족감만 줄뿐이라는 입장 중에서 반드시 어느 한쪽이 옳고 다른 쪽은 틀리다고 말할 수 있을까요? 자기 계발서 저자들의 주장처럼 이런 책들이 만병통치약과 같은 효과를 가지고 있지 않다는 것은 분명하지만, 그럼에도 불구하고 어떤 사람에게는 긍정적인 도움을 주는 것도 사실입니다. 그렇다면 이 문제를 이분법적으로 접근하는 태도 자체가 문제가 아닐까요? 양쪽의 약점을 잘 파악한 상태에서 장점들을 동시에 취하는 양립적 접근법을 취할 수는 없을까요? 한쪽 극단으로 달려가지 말고 둘 사이에서 균형을 잡을 수는 없을까요?

2. 양극화 경향

1. 양극화된 사회

　세계 여러 나라들처럼 우리 사회도 각종 이슈를 둘러싸고 갈등이 점점 심해지고 있습니다. 논쟁적인 사안들에서 한쪽 입장이 절대적으로 옳다고 생각하는 사람들은 반대쪽에 서있는 사람들을 완전히 틀렸다고 생각하고 악마화하는 경향이 심해지고 있습니다. 그로 인해 극단적인 견해들만 난무하면서 갈등과 대립이 격화되고 있는 상황입니다. 이렇게 양극화된 대립 구도 속에서 사람들은 이것이 옳으냐 저것이 옳으냐를 두고 선택을 강요당하고 있습니다.

　'노 키즈 존no kids zone'을 둘러싼 논쟁을 생각해봅시다. 한쪽에서는 그것은 아이들에 대한 차별이며, 가뜩이나 인구가 소멸해가는 대한민국에서 아이를 키우는 부모의 설 자리가 더 없어지게 되는 결과를 초래하는 것이라고 비판합니다. 그러나 그것을 옹호하는 자영업자나 시민들은 이것은 통제가 되지 않고 무례한 아이들을 방임하는 부모를 제재하는 어쩔 수 없는 선택이라고 주장합니다. 어떤 입장이 옳을까요? 아니, 이것은 양쪽 중에서 어느 하나에만 진실이 있는 문제일까요? 양쪽 모두에 일부의 진실과 일부의 과잉이 섞여 있는 것은 아닐까요?

이처럼 어떤 주제를 둘러싸고 첨예하게 대립되는 논쟁을 볼 때 정말로 한쪽이 절대적으로 옳고 다른 쪽은 완전히 틀린 것인지 의문이 듭니다. 종종 둘 다 틀린 것처럼 보이거나 반대로 둘 다 어느 정도 옳은 부분을 가지고 있는 것처럼 보이는 경우도 있고, 양쪽 모두 부분적인 진리와 부분적인 오류를 동시에 가지고 있는 것처럼 보이는 경우도 많기 때문입니다.

2. 양극화된 기독교

기독교도 양극화의 몸살을 동일하게 앓고 있습니다. 사회에서 양자택일을 강요당하고 있는 것과 마찬가지로, 기독교인도 대립되는 주제들을 중심으로 한쪽에만 진리가 존재하고 다른 쪽은 완전히 틀렸다고 생각하는 경향이 심화되고 있습니다. 몇 가지 예를 살펴봅시다.

⑴ 세상의 변화를 둘러싼 양극화

세상의 변화를 위해서는 세상으로 나가서 변화를 촉구하기보다는 기독교인이 먼저 기독교인다운 사람이 되어서 대안적인 삶을 사는 모습을 보여주어야 하고, 교회도 참된 공동체됨을 회복해서 이 세상에서 '대안 공동체'가 될 때 예수님께서 말씀하신 빛과 소금의 역할을 감당하면서 진정한 세상의 변화를 이끌어낼 수 있다고 생각하는 사람들이 있습니다. 전통적인 메노나이트의 입장이 이렇습니다. 이와는 달리 세상의 변혁을 위해서는 그런 소극적인 태도를 버리고 적극적으로 정치적 사회적 이슈에 참여해서 이 땅에 하나님나라의 모습이 구현되도록 노력해야 한다고 주장하는 사람들도 있습니다. 전통적인 개혁파 교회의 다수가 이런 입장을 취하고 있습니다.

⑵ '하나님 나라'를 둘러싼 양극화

성경의 핵심 주제인 '하나님 나라'를 둘러싸고도 대립적인 양상이 나타납니다.

어떤 기독교인들은 '이미 임한 하나님 나라' 하나님 나라의 현재성를 강조하면서, 우리가 해야 할 일은 '하나님의 뜻이 이 땅에서도 이루어지게 하는 것'이며, 따라서 적극적으로 이 땅에 하나님나라의 원리를 펼쳐서 하나님이 의도하시는 세상으로 변화시켜야 한다고 생각합니다. 그러나 다른 사람들은 우리가 바라는 하나님 나라는 미래에 완성될, 그래서 우리가 들어가서 구원의 은혜를 최종적으로 누리게 될 '아직 임하지 않은 미래의 하나님 나라'라고 생각합니다.

(3) 예배에 대한 다른 견해

전통적으로 기독교인들은 예배를 신앙생활의 중심에 놓았습니다. 교회의 활동도 예배를 중심으로 움직였고, 건물도 예배를 드리는 공간으로 설계해서 엄청난 돈을 투자해서 건립하곤 하였습니다. 지금도 많은 보수적인 교회의 목사와 성도들은 예배에 가장 많은 관심을 기울이고 있고, 심지어 '예배에 목숨을 걸라'는 주장까지 하면서 예배의 회복이 쇠락하고 있는 한국교회를 다시 일으켜 세우는 길이라고 생각합니다. 그러나 20세기 후반부터 예배의 본질은 예배당에 모여 형식적인 예전을 하는 것이 아니라 삶으로 하나님의 영광을 드러내는 것이라고 주장하는 사람들이 점차 늘어나기 시작했습니다. 그들은 롬 12:1을 근거로 우리가 드려야 할 참된 예배는 우리 몸을 산 제사로 드리는 것, 즉 하나님의 '선하시고 기뻐하시고 완전하신 뜻'을 분별해서 그대로 살아가는 것이라고 생각합니다. 이런 측면에서 예전으로서의 예배를 강조해 온

한국교회는 여전히 형식주의의 굴레에 매여 있는 것이라고 비판합니다.

3. 의문

위에서 언급한 세 가지 주제 외에도 수많은 이슈들을 둘러싸고 기독교인들은 격렬한 논쟁을 벌입니다. 논쟁에 참여하는 사람들은 자신이 절대적으로 옳고 **자신과** 반대편에 서 있는 사람은 완전히 틀렸다고 생각하는 경향이 있습니다. 그 결과 이 논쟁에 직접 참여하지 않은 많은 성도들도 이렇게 양극화된 대립 구도 속에서 이것이냐 저것이냐를 두고 선택할 것을 강요당하고 있습니다.

그런데 여러 신학적이고 신앙적인 주제에 대한 논쟁을 볼 때 항상 비슷한 의문이 듭니다. "정말로 어느 한쪽이 옳고 그 반대쪽은 틀린 것인가? 어느 한쪽이 100% 옳고 다른 쪽은 100% 틀린 것인가? 종종 둘 다 틀린 것처럼 보이기도 하고, 둘 다 옳은 것처럼 보이는 경우도 있는데, 그렇게 보는 것은 잘못된 것인가? 양쪽 모두 부분적인 진리와 부분적인 오류를 동시에 가지고 있는 것은 아닐까? 어느 한쪽이 옳다고 생각하는 판단과 확신은 100% 정확한 것인가? 우리는 대립되는 견해들 중에서 반드시 어느 한쪽 입장을 취하면서 다른 쪽 입장은 배격해야 하는가? 오히려 진리는 어느 한쪽에만 있는 것이 아니라 양자의 균형을 잘 유지하는데 있는 것은 아닐까?"

4. 한쪽이 옳은 경우

세상에는 대립되는 두 가지 견해 중에서 한쪽에만 진리가 존재하고 반대쪽은 완전히 틀린 경우가 많이 있습니다.

(1) 자연과학의 대다수 사안들이 여기에 해당될 것입니다.

지구가 태양을 돌고 있을까요, 아니면 태양이 지구를 돌고 있을까요? 지구는 네모난 모양인가요 아니면 원형인가요? 예전에는 태양이 지구를 돌거나 지구가 네모나게 생겼다고 생각하는 사람들이 많았지만, 과학이 발전한 현재는 음모론을 신봉하는 소수의 사람들을 제외하고는 지구가 태양을 돌고 있다거나 지구가 원형이라는 것을 부정하는 사람들은 거의 없습니다. 이것은 과학적으로 부정할 수 없는 명백한 사실이기 때문입니다.

(2) 역사적 사실도 대부분 마찬가지일 것입니다.

히틀러와 나찌가 유대인을 비롯한 무고한 사람들을 수백만 명 살해한 것은, 동기와 과정에 대해서는 다양한 견해가 나올 수 있지만, 변함없는 사실입니다. 비록 최근에 극우파에서 이런 사실조차 부정하려는 시도를 하지만, 그렇다고 해서 수많은 증인들과 자료들이 드러내는 사실을 부정할 수는 없습니다. 여기서 다른 견해는 성립할 수가 없습니다.

일제가 우리나라를 강제로 점령한 것 역시 분명한 사실입니다. 그 원인이 무엇이고 책임자가 누구이며 어떤 과정이 있었는지에 대해서는 다양한 의견이 있을 수 있지만, 강제 점령 자체가 없었다고 부정할 수는 없습니다.

(3) 기독교 신앙에서 핵심적인 부분

기독교인은 하나님만이 유일한 최고의 신이며, 예수 그리스도만이 구원의 길이라고 믿고 확신합니다. 이 신앙에 대해 다원주의적 입장을 들이대면서 그런 주장은 독선적이라고 비난하는 것은 기독교의 핵심을 포기하라는 것과 다르지 않은 요구입니다. 이것은 다른 견해를 동시에 인정하기 어려운 주제인 것이 분명합니다. 마찬가지로 하나님은 성부 성자 성령 삼위로 존재하며 그 삼위는 일체를 형성한다는 것 역시 성경과 기독교 신학의 오랜 역사를 통해 이견 없이 정립된 것입니다.

이처럼 세상과 기독교에는 어느 한쪽만이 절대적으로 옳다고 말할 수 있는 영역들이 분명하게 존재합니다.

5. 어느 한쪽이 옳다고 말하기 어려운 경우

그러나 세상의 모든 것들이 이렇게 어느 한쪽만 절대적으로 옳고 반대되는 입장은 완전히 틀린 것으로 완벽하게 이원화될 수 없다는 것도 사실입니다.

(1) 정치적 주제

정치의 영역에서는 끊임없이 보수와 진보 사이에 갈등이 벌어지고 있고, 사람들도 양쪽으로 나뉘어져서 서로를 비방하고 자신의 견해가 옳다고 주장하지만, 보수나 진보 어느 한쪽이 절대적으로 옳다고 주장할 수는 없습니다. 보수와 진보라는 구분은 과학이 아니라 사회와 인간사를 다루는 것이며, 그것은 수학처럼 정답이라는 것이 존재하기 어려운 분야이기 때문입니다. 따라서 보수주의 사상에도 역사와 사회와 경제와 관련된 진리의 한 조각이 있을 수 있고, 진보주의 사상도 마찬가지입니다.

기본소득에 관한 논쟁도 칼로 무를 자르듯이 옳고 그름을 쉽게 판정할 수 있는 사안이 아닌 것처럼 보입니다. 전 국민 기본소득을 도입해야 한다고 주장하는 사람들은 그렇게 해야 보편적인 복지가 가능해지며 모든 국민이 인간다운 삶을 누릴 수 있을 것이라고 주장합니다. 그러나 보편 복지 자체에 대해 부정적인 입장을 가진 보수적인 사람들뿐만 아니라 복지에 대해 긍정적인 견해를 가진 진보적인 사람들 중에도 기본 소득에 반대하는 사람들이 많습니다. 왜 그럴까요?

기본소득을 시행하게 되면 상당 기간 동안 사회 최빈곤층과 차상위 계층에 대한 지원이 줄어들 수밖에 없기 때문입니다. 국가의 복지 예산이 한정되어 있기 때문에 보편 복지를 시행하면 모든 사람들에게 동일한 복지 혜택을 주게 되면서, 더 많은 도움을 받아야 하는 최빈곤층 사람들이 오히려 필요한 도움을 받지 못하는 일이 발생하기 때문입니다. 현재 시행하고 있는 차등 복지는 필요한 사람들에게 집중해서 도움을 주고 있는 시스템이며 이것은 그들이 최소한의 생계를 이어가는데 절대적으로 필요하다고 보기 때문입니다. 따라서 기본 소득을 둘러싼 논쟁에서 어느 한쪽 주장이 절대적으로 옳다고 주장하는 것이 쉽지 않습니다.

(2) 기독교 주제

　기독교 신학과 신앙의 영역에서도 옳고 그름을 완벽하게 나누기 어려운 사안들이 많습니다.

　1) **낙태를 둘러싼 상황은** 생각만큼 단순하지 않습니다. 낙태 처벌이 오직 여성들에게만 불리한 법률이라는 것은 분명합니다. 그래서 낙태죄에 대해 헌법재판소가 헌법불합치 판결을 내린 것은 합당한 결정입니다. 그렇다고 해서 이 판결이 낙태를 아무런 제한 없이 해도 된다는 것을 의미하는 것은 아닙니다. 낙태를 한 사람에 대해 국가가 처벌하는 것에 대해서만 잘못된 것이라고 판정한 것에 불과합니다. 낙태를 허용해야 하느냐 금지해야 하느냐 하는 것은 다른 차원의 문제입니다. 또한 낙태를 찬성하는 사람들은 대부분 낙태죄 위헌을 환영합니다. 그러나 이들 중에서도 임신 주수와 상관없이 아무 때나 임신중지를 할 수 있다고 주장하는 사람들은 많지 않습니다. 산모의 몸 밖으로 나오기 전까지는 크기나 임신 주수와 상관없이 모든 태아가 생명이 아니라는 어떤 증거도 의학적/법률적 합의도 없다는 것을 알기 때문입니다. 반면에 천

주교와 개신교 등 종교계는 낙태죄 위헌 판결에 대해 우려를 나타내고 있습니다. 낙태가 반생명적이기에 그 행위를 한 사람들을 처벌하는 것도 유지되어야 한다고 생각합니다. 그러나 낙태 처벌법 폐지에는 찬성하지만, 그렇다고 낙태가 윤리적으로 무조건 용인된다고 생각하지 않는 종교인들도 많습니다. 그러므로 낙태죄에 대한 찬성과 반대 사이에서, 또한 낙태 자체에 대한 찬성과 반대 사이에서 단순하게 어느 쪽을 지지하느냐고 묻는 것은 그 자체가 편협한 태도일 것입니다.

2) 2004년 인도네시아에 엄청난 쓰나미가 몰아닥쳐서 30만 명 이상이 사망했을 때 서울의 어느 대형교회 목사가 그 자연 재해로 죽은 이슬람 교인들을 향해 하나님을 믿지 않았기 때문에 그런 고통을 당하는 것이라고 비아냥거렸습니다. 이것은 타인의 고통을 무시하는 것이고, 더 나아가서 인간 자체에 대한 존중도 없는 무례한 태도입니다. 타종교인도 우리와 동일하게 하나님의 형상으로 창조된 인간이고 글로벌 사회를 구성하는 동료이기 때문에 우리는 그만큼 존중해주는 것이 마땅할 것입니다. 그러나 타종교를 존중한다는 이유로 기독교에만 구원의 진리가 있는 것이 아니고 어느 종교를 믿든지 모두 구원을 받게 될 것이라는 종교

다원주의의 주장이 옳다고 인정하기는 어렵습니다. 모든 인간은 고귀한 존재이기 때문에 인종과 문화와 민족이 다르더라도 같은 인간으로서 존중해주어야 한다는 사람들의 말에 동의하면서도, 기독교를 비롯한 모든 종교들을 동일한 것으로 취급하는 것에는 찬성할 수 없습니다. 따라서 기독교인으로서 타종교와 타종교인에 대해서 무조건 포용하거나 아니면 무조건 배제하는, 단일한 입장을 취할 수는 없습니다. 상황과 주제에 따라 포용이 필요할 때가 있고 배제가 필요할 때가 있기 때문입니다.

6. 갈등과 고민

(1) 선택 강요

많은 사람들이 이쪽이든 저쪽이든 어느 한쪽을 강하게 주장하고, 다른 사람들에게도 하나를 택해야 한다고 강요합니다. 중간은 없다는 듯한 태도를 취하는 것입니다. 사회의 대립이 심해질수록 양극단을 주장하는 사람들이 점점 많아지고, 그런 사람들이 세력과 인기를 얻습니다. 사람들은 자신이 이미 가지고 있었던 생각을 확인해주기에, 즉 확증편향을 강화시켜주면서 속이 시원하게 해주는 사이다와 같다고 느끼기 때문에 한쪽을 강하게 주장하는 사람들을 지지하는 것입니다. 반면에 선택을 유보하거나 조심스러운 태도를 보이거나 중간입장을 취하면, 회색분자로 매도하기도 하고 고구마처럼 답답하다고 비판하기도 합니다.

양자택일식 접근법은 세상 일이 수학처럼 분명한 정답이 있다고 생각하면서 맞고 틀림이라는 단 두 가지 선택지만으로 판단하려는 것입니다. 그러나 세상사에는 어느 한쪽이 100% 옳다고 쉽게 판단하기 어려운 모호한 영역이 많습니다. 이쪽에도 장점과 단점이 있고, 저쪽에도 장점과 단점이 있는 영역이 많은 것입니다.

그래서 양극단으로 치우친 시대에서 이분법적인 접근법을 수용하지 않는 사람들은 고민에 빠지게 됩니다. '이쪽에도 장점과 단점이 있고, 저쪽도 마찬가지 상황인데 왜 언제나 둘 중 하나만 옳다고 해야 할까? 왜 반드시 어느 한쪽만을 취해야 할까? 혹시 양쪽 모두를 긍정할 수는 없을까?'와 같은 고민입니다.

(2) 한국 교회 역사에 나타난 갈등 상황

한국 교회 역사에서도 이와 같은 갈등의 상황이 많이 있었습니다.

1) 1970-80년대 독재 시대를 지나면서 많은 기독 청년들은 대

립되는 견해들 사이에서 갈등을 겪어야 했습니다.

첫 번째는 사회를 변화시키기 위해서 기독교인은 무엇을 해야 하는가 라는 주제를 둘러싼 갈등이었습니다. KNCC를 중심으로 하는 진보적인 교회는 사회의 진보 세력과 함께 정부에 대한 불복종을 주장하면서 반정부 시위에 나섰지만, 보수적인 교회들은 롬 13:1 [1]에 근거해서 신자들은 정부에 복종해야 하며, 신자가 사회를 위해 할 일은 기도하는 것이라고 가르치면서 시위에 참여하는 것을 비판했습니다.

두 번째는 가난한 사람들을 위해 무엇을 하는 것이 옳은지를 둘러싼 갈등이었습니다. 진보적인 교회는 그들이 당면한 긴급한 문제를 해결하기 위해 노력을 기울이는 것이 중요하다고 가르치면서 빈민운동, 농촌운동, 노동운동에 적극적으로 뛰어들었습니다. 그러나 보수적인 교회는 사람에게 가장 필요한 것은 영혼 구원이라고 주장하면서 비록 육신적인 고통을 당장 해결해주지 못해도 더 중요한 영혼 구원을 위해 복음을 전하는 것이 우선된다고 가르쳤습니다.

이처럼 대립되는 두 가지 견해 사이에서 어느 것이 옳을까

---

1) "사람은 누구나 위에 있는 권세에 복종해야 합니다. 모든 권세는 하나님께로부터 온 것이며, 이미 있는 권세들도 하나님께서 세워주신 것입니다"

요? 어느 것을 선택해야 할까요? 반드시 둘 중 하나만 선택해야 할까요? 두 가지 주장은 완전히 대립되는 것일까요?

2) 20세기 후반에 한국 교회는 순복음교회와 조용기 목사의 성령 운동을 둘러싸고 갈등하는 모습을 보여주었습니다.

당시 대부분의 교회에서는 '말씀과 예전'이 최고라고 가르쳤습니다. 기독교인은 말씀의 사람이고, 말씀을 통해 은혜를 받아야 하고, 말씀에 감동해야 하고, 말씀에 의해 살아가는 사람이며, '거룩하고 엄숙한 예전예배'야말로 우리의 신앙을 표현하는 가장 중요한 것이라고 가르쳤습니다. 당시 대다수의 학자와 목사들이 성령의 은사에 대해 '중단론'cessationism 입장이었습니다.

그러나 순복음교회의 성령운동을 통해 초자연적인 역사를 직접 체험한 사람들이 순복음교회로 몰려들면서 엄청난 부흥으로 이어지자 다른 교파의 성도들과 목사들은 갈등하기 시작했습니다. 말씀과 예전이 맞는 것 같지만, 그렇다고 그들의 신학이 가르치는 '은사 중단론'이 맞는지에 대해서 의구심이 생긴 것입니다. 그러는 가운데 전통적인 교회에도 성령 운동이 소개되면서, 은사를 체험하는 사람들이 나타나기 시작했고 은사 운동에 가담하는 목사들까지 생겨났습니다. 이런 상황에서 많은 성도들은 고민을 하게 되었습니다. "'말씀과 예전'과 '은사 운동'은 양자택일의 영역인가? 우리는 둘 중 하나만 선택해야 하는가? 아니면 이래도 좋고 저래도 좋은 영역인가? 두 가지를 모두 붙잡는 것은 잘못된 것인가?"

3) 과거나 현재나 학교에서 과학 교육을 받은 많은 청년들에게 기독교와 과학의 관계는 신앙을 지킬 것인가 버릴 것인가를 고민하게 만드는 심각한 주제입니다.

일반적으로 보수적인 기독교인들은 과학을 불편하게 여깁니다. 현대 과학이 말하는 것들이 성경과 모순된다고 보기 때문입니다. 진화론에 기반을 둔 현대 과학은 우주의 나이가 137억년, 지구의 나이도 46억년 정도 되었다고 가르칩니다. 그러나 창세기를 문자적으로 받아들이는 창조과학자들은 지구의 나이가 1만 년 정도 되었고, 인간도 약 6천 년 전에 하나님의 직접적인 손길에 의해 창조되었다고 주장했고, 많은 교인들이 이것이 성경을 믿는 신자가 받아들일 수 있는 과학적 사실이라고 믿었습니다. 따라서 그들은 현대 과학이 틀렸고 하나님의 기적적인 우주 창조를 믿는 것이 바른 신앙의 태도라고 생각합니다.

기성세대는 이와 같은 창조과학회의 주장을 받아들이는데

별로 어려움이 없었지만, 청년들은 학교에서 현대 과학을 접하고 그것의 진실성을 확신하게 되면서 지금까지 교회에서 배웠던 창조과학에 기반을 둔 가르침이 틀렸다는 것을 깨닫기 시작했습니다. 이것은 필연적으로 창조과학이 기초로 삼는 성경이 틀렸다는 것을 의미하는 것이며, 결국 많은 청년들이 교회를 거짓된 가르침을 주는 집단으로 생각하게 되면서 교회를 떠나는 지경에까지 이르게 되었습니다.

왜 이런 상황이 초래된 것인가요? 한 마디로 말해서 하나님의 창조/섭리와 현대 과학의 가르침을 양립 불가능한 대립적인 것으로 여기기 때문에 발생한 것입니다. 그러나 전통적으로 과학과 기독교는 대립보다는 동행의 길을 걸어온 세월이 훨씬 더 깁니다. 수많은 과학자들은 신실한 신앙인이었고, 그들은 과학과 자신의 기독교 신앙이 모순되거나 대립된다고 여기지 않았습니다. 그들은 성경을 통해 세상을 바라보았을 뿐만 아니라 과학을 통해 성경을 다시 보는 작업을 했습니다. 그들은 성경이 과학 교과서가 아니며 세상에 대해 과학적으로 설명하려는 목적을 가지고 있지 않다는 것도 잘 알고 있었고, 따라서 성경은 과학적 지식에 대해 포용적이고 열린 태도를 가지고 있다는 것을 이해하고 있었습니다. 그래서 분명하게 검증된 과학 지식이 쌓이면 그것을 토대로 성경에 대한 '인간의 해석'을 조정하면서 성경과 과학을 대립적으로 보는 것이 아니라 보완적으로 보았던 것입니다. 그 결과, 한편으로는 하나님이 세상을 창조하셨다는 '창조 신앙'을 분명히 견지했지만, 그와 동시에 물리적 세상에 관한 과학적 지식도 주저 없이 받아들였던 것입니다.

그러나 20세기 후반에 발생한 '창조과학 운동'은 성경과 과학을 대립적 관계로 설정한 결과, 무리한 성경해석뿐만 아니라 분명한 과학적 사실도 부정하는 비이성적인 행태를 보여주었습니다. 이것을 본 많은 청년들이 교회를 떠나는 상황이 발생했고, 기독교가 유사 과학을 주장하는 '무식한' 집단으로 인식되는 지경에까지 이르게 되었습니다.

성경과 과학은 대립되는 것일까요? 둘의 주장이 모순처럼 보이면 반드시 어느 하나를 버리고 다른 하나만 취해야 하는 걸까요? 양쪽 모두에 진리가 있을 수는 없을까요? 그래서 두 가지를 모두 취할 수 있는 방법은 없을까요?

(3) 우리는 어느 편에 서야 하는가

많은 성도들이 신학과 신앙의 다양한 주제를 둘러싼 논쟁을 바라볼 때 한쪽에만 진리가 있다고 생각하는 경향이 만연했고, 그래서 어느 쪽이 옳은지 판단하기 위해 노력을 기울여왔습니다. 세상과 교회의 관계에 대한 갈등, 세상의 변혁을 위한 방법을 둘러싼 갈등, 기독교와 과학의 관계에 관한 갈등, 또한 여러 신학적 주제들을 둘러싼 대립과 갈등 속에서 우리는 어느 편에 서 있어야 하는지 늘 고민하였습니다.

하지만 그런 고민과 갈등 속에서 마음 한쪽에서부터 작은 목소리가 들려오는 것을 무시할 수 없었습니다. "이쪽과 저쪽 중에서 반드시 어느 한쪽을 선택해야 하나? 이쪽도 마음에 안 들고 저쪽도 마음에 안 들기도 하고, 이쪽도 맞는 것 같고 저쪽도 맞는 것 같은데…. 반드시 '양자택일'를 해야 하나? 그런 방식밖에 없는 걸까?"

3. 이분법적 사고방식

1. 이분법적 사고방식에 대한 비판

(1) 한쪽만 옳다고 여기는 것

　지금까지 설명한 것처럼, 사회와 교회에서 사람들이 보여주었던 일반적인 태도는 어떤 주제와 관련된 대립되는 견해들 사이에서 오직 하나만을 선택하는 것이었습니다. 이런 행동의 기초에는 대립되는 두 가지 중에서 오직 하나만 옳고 다른 하나는 틀리다는 전제가 자리 잡고 있습니다. 마치 단순한 수학 문제에서 정답이 하나이듯이, 세상의 모든 일에는 정답이 하나밖에 없고, 그것 외에는 모두 틀린 것이라고 생각하는 것입니다. 이것은 either/or의 이분법적 사고방식이며, 어떤 주제에 관해 옳고 그름이라는 단 한 가지 기준을 가지고 판단하는 것입니다. 그래서 대립되는 의견들 중에서 언제나 하나는 옳고 다른 하나는 틀리다고 생각하는 것입니다. 이것은 대립이 격화되는 사회에서 흔히 찾아볼 수 있는 태도이고, 이데올로기나 종교처럼 내적 확신과 관련된 영역일수록 더 만연한 태도이기도 합니다.

(2) 이원론

이런 모습은 기독교 2천 년 역사에서도 항상 존재해왔는데, 신학적으로 '이원론'dualism이라고 부르는 것과 유사한 입장입니다. 마이클 프로스트는 이원론에 대해서 이렇게 말합니다.

"기독교 역사에서 성경의 가르침을 가장 많이 왜곡하는 관념 중 하나는 '이원론dualism'이다. 이원론은 좌뇌가 중요한가 우뇌가 중요한가 하는 것처럼, 실제로는 대립되는 것이 아니라 통합적으로 생각해야 할 두 가지를 서로 대척점에 놓으면서 그 중 한 가지만을 강조하고 다른 하나는 배제해 버리는 것이다. 그 결과 절반의 진리를 확보하는 게 아니라 절반을 간과함으로 오히려 진리 자체를 왜곡해 버린다. 그러나 이원론에 사로잡힌 사람들은 진리의 절반은 확보했다고 자부하며 큰 문제의식을 느끼지 못하고 왜곡된 신앙 행태를 지속하게 된다."[2]

---

2) 마이클 프로스트, 『성육신적 교회』, 최형근 역 (서울: 새물결플러스,

마이클 프로스트와 존 쿠퍼는 신학과 교회에서 오랫동안 문제가 되어 악영향을 미쳤던 이원론 몇 가지를 거론합니다.[3]

첫 번째는 '영육 이원론'spirit-matter dualism 또는 '가치론적 이원론'axiological dualism이라고 부르는 것으로, 비물질적인 영혼과 관련된 것은 거룩하고 선한 반면, 물질적인 몸과 관련된 것은 천하고 악한 것으로 여기는 이원론입니다. 이것은 서구 철학에서 오랫동안 내려오던 '물질matter, body-정신mind' 이원론에 기초를 두고 있습니다. 그러나 하나님의 창조는 온 세상을 포괄하는 것이며, 세상에서 하나님과 관계되지 않는 것은 하나도 없습니다. 또한 하나님은 인간의 영혼뿐만 아니라 육체도 만드시고 복을 주셨기에 영혼뿐만 아니라 육체도 고귀합니다. 그러므로 임의로 영혼만을 중요하게 여기고 육체를 도외시하는 것은 세상 만물을 창조하시고 그 주인이 되신 하나님을 무시하는 것과 같습니다.

두 번째는 '현세-내세 이원론'present-future dualism으로, 내세를 중요하게 여기면서 현세의 삶을 무가치하게 여기는 경향을 의미합니다. 여기에서부터 내세의 구원을 확보하는 것만을 중요하게 여기는 '구조선 신학'lifeboat theology이 나오고, 유한한 세상을

2016), 60

3) 마이클 프로스트, 60. John Cooper, "Dualism and the biblical view of human beings(2)" in *The Reformed Journal* (September 1982), 16-18.

변화시키는 쓸데없는 짓은 하지 말고 오직 우리가 들어가서 누리게 될 천국만을 소망하자는 현실 도피적인 생각이 나옵니다. 그러나 하나님은 온 세상을 아름답게 창조하셨고, 자신의 형상으로 창조한 인간에게 세상을 잘 돌보고 관리하라는 사명을 주셨습니다. 따라서 이 세상은 우리가 버리거나 무시해야 할 무가치한 것이 아닙니다. 우리는 하나님의 형상으로 만들어진 하나님의 대리자로서 하나님의 창조 세계를 잘 관리하면서 지금 우리에게 주어진 현세의 삶을 충실하게 살아가야 하는 존재입니다. 따라서 내세의 삶도 중요하지만 현세의 삶 역시 중요합니다.

세 번째는 '종교-일상 이원론'sacred-secular dualism으로, 종교적 활동과 일상생활을 대비시키면서 종교적 활동만 거룩하게 여기는 생각입니다. 존 쿠퍼는 이것을 '종교적 이원론'이라고 부르는데, 세상의 모든 것들을 '성과 속sacred-secular'으로 나누면서, 어떤 영역은 하나님과 관계가 있지만 다른 영역은 하나님과 별로 관계가 없다고 여기는 것입니다. 교회와 관련된 활동은 거룩하게 여기고, 다른 활동들경제, 정치, 교육, 등등은 하나님과 상관없는 중립적인 영역이라고 생각합니다. 이것은, 교회에서 하는 예배나 기도와 같은 좁은 의미의 '종교적 활동'만 중요하며, 그 결과 교회 활동을 담당하는 '목사'는 '평신도'와는 구별된 '거룩한' 존재로 인식되며, 목사가 하는 일만을 '성직'으로 간주하는 오류로 이어집니다. 그러나 이것은 온 세상이 하나님의 창조물이며, 따라서 세상의 모든 영역이 하나님의 주권 아래 있다는 것을 무시하는 것입니다. 또한 이런 생각은 목사뿐만 아니라 모든 성도들이 하나님의 부르심을 받아 거룩한 사람이 되었고, 서로에 대해서, 그리고 세상을 향해서 제사장의 직분을 감당하도록 사명 받았다는 것을 무시하는 잘못된 생각입니다.

이 세 가지 이원론 외에도 신학이나 신앙의 영역에서 갈등과 긴장 관계에 있는 진리를 대립시키면서 그 중 어느 하나만을 진리라고 주장하면서 다른 하나를 배제하는 이분법적 경향은 교회 역사에서 다양하게 나타납니다.

(3) either/or에 기초한 서구식 이원론적 신학 방식에 대한 Jung Young Lee의 비판

Lee는 이분법적 사고방식이 기독교에서 면면히 이어져 내려오던 오류였지만, 특히 근대 서구 신학의 방법론에서 그 모습을 더 분명하게 드러냈다고 말합니다. 그러면서 그런 경향이 가져온 몇 가지 부정적인 결과들을 열거합니다.

첫째, either/or 사고방식은 그리스 철학에서 유래한 것으로, 이원론적 세계관을 전제하는데, 그것은 결코 기독교적 우주관이 아니다.

둘째, 이 사고방식은 다양한 신앙 형태들이 화해하고 조화를 이룰 가능성을 제거해버린다.

셋째, 과학기술과 결합된 이분법적 사고방식은 종교적 삶의 비이성적인 측면을 제거한다. 그 결과 서구 기독교는 신비적 요소를 담지한 인간 본성의 필요를 무시하게 되어 많은 사람들을 기독교를 떠나 동양의 신비 종교로 향하게 만든다.

넷째, 이분법적 사고방식은 인간과 자연, 그리고 육체와 영혼의 대립과 갈등을 초래하여 인간의 파괴뿐만 아니라 자연의 파괴까지 촉발시켰다.

다섯째, 서구식 이분법적 사고방식은 동양적 세계관이 가득한 성경을 올바르게 해석하는데 한계를 가진다. 그 결과 이분법적 사고방식에 기초한 서구 신학은 인간 존재와 기독교 신앙의 통합적 성격을 바르게 다루는데 실패했다.[4]

---

4) Jung Young Lee, *The I : A Christian Concept of Man* (New York : Philosophical Library, 1971), 9 ; "The Yin-Yang Way of Thinking': A Possible Method for Ecumenical Theology," in *International Review of Mission* 60 (July 1971), 363-65 ; *Death and Beyond in the Eastern Perspective : A Study Based on the Bardo Thoödol and the I Ching* (New

비록 Lee가 서구 신학을 지나치게 단순화시켜 비판하는 경향이 있기는 하지만, 이것이 계몽주의적 이성과 과학적 세계관에 기초한 근대 신학의 약점을 지적하고 있다는 점은 부정할 수 없을 것입니다.

(4) either/or 이원론적 사고방식의 비현실성

마이클 프로스트와 존 쿠퍼, 그리고 이정용을 비롯한 많은 신학자들이 바르게 지적한대로 either/or의 이원론적 사고방식은 성경과 세상을 해석하고 설명하기에 적합한 방식이 아닙니다. 성경의 수많은 주제들이나, 우리가 살아가면서 부딪치는 수많은 이슈들 중에서 '이것이 옳으냐 저것이 옳으냐?' 라는 이분법적인 잣대로만 판단할 수 없는 것들이 많기 때문입니다.

오히려 둘 다 옳거나, 둘 다 진리를 어느 정도 가지고 있거나, 둘 다 어느 정도 흠결을 가지고 있거나, 또는 둘 다 정답이 아니고 양극단 사이 어디쯤엔가 위치한 중간 입장이 더 옳은 경우가 종종 있습니다. 이것이 현실에 더 가까워 보입니다.

그래서 이분법적 사고방식은 기독교를 왜곡하고 하나님의 의도를 무시해 버리는 경우가 많습니다. 성경이 양자를 모두 강조

York : Gordon and Breach, 1974), 3

할 때 그것을 무시하고 그 중 하나만 강조하는 것은 그 자체로 진리에 대한 왜곡입니다. 많은 사람들이 이런 태도로 성경을 대하다가 잘못된 신학이나 이단으로 빠져 들어간 것입니다.

2. 신학에 끼친 이분법적 사고방식의 폐해

either/or의 이분법적 사고방식이 기독교 역사에 끼친 부정적 영향은 막대합니다. 그 중 몇 가지만 살펴보려고 합니다.

(1) 삼위일체

1) 구약 성경이 기록되던 고대에는 대부분의 사람들이 다신론 신앙을 가지고 있었습니다. 그러나 여호와 하나님은 자신이 유일한 신이라는 것을 강조하였습니다. "나는 주다. 나 밖에 다른 이가 없다. 나 밖에 다른 신은 없다."사 45:5-6, 신 6:4 유대 기독교 신앙에서 가장 중요한 것이 하나님은 유일하신 참된 신이라는 고백입니다. 예수님도 하나님만이 참된 신이라고 자주 가르쳤고, 그 가르침을 이어받은 사도들도 "우리에게는 아버지가 되시는 하나님 한 분이 계실 뿐입니다"라고 분명하게 선언하였습니다.고전 8:6, 딤전 2:5, 약 2:19

그러나 이렇게 하나님은 한 분이라는 주장과 함께 성경은 하나님이 세 분이라는 것 또한 분명하게 밝히고 있습니다. 구약 성경은 신약처럼 분명하지는 않지만, 하나님이 세 분이라는 것을 암시하는 구절들을 많이 포함하고 있습니다.창 1:26, 사 6:8, 시 110:1 신약에 오면 세 분의 하나님이 보다 분명하게 나타납니다. 예수님께서 이 땅에서 사역하시거나 말씀하실 때 삼위 하나님이 동시에 나타나며마 3:16-17, 사도들도 다양한 방식으로 삼위 하나님의 존재를 언급했습니다.벧전 1:2, 고전 12:4-6, 고후 13:13, 엡 4:4-6, 유 20-21 그리고 이 세 분의 하나님 각각은 모두 독립된 인격체로 나타납니다. 이처럼 성경은 하나님이 세 분이며 동시에 한 분이라고 말하고 있습니다. 그래서 교회는 초기부터 일관되게 하나님을 '삼위일체적 존재'로 이해한 것입니다.

그런데 이렇게 하나님을 어느 곳에서는 한 분이라고 말했다가, 다른 곳에서는 세 분이라고 말하는 것은 횡설수설하는 것이 아닐까요? 3=1이라는 수식은 성립할 수 없는 것이지 않은가요? 그래서 많은 사람들이 이것을 '모순'contradiction이라고 말합니다. 즉 성립이 불가능한 명제라는 것입니다. 하나님이 한 분이면 한 분이고, 세 분이면 세 분이지, 한 분이면서 동시에 세 분일 수는 없다는 것입니다. 그것은 논리적으로 성립 불가능하다는 것입니다.

2) 그래서 초대교회 이후로 많은 사람들이 삼위일체 교리를 거부하면서, 인간의 이성이 이해할 수 있는 방식으로 하나님을 재정의하려고 시도했습니다.

'양태론'Modalism은 하나님이 세 분이 아니라 오직 한 분인데, 다만 다른 때에 다른 형태로 나타나는 것뿐이라고 주장하는 것입니다. 예를 들어, 하나님이 구약성경에서는 아버지로 나타나고, 복음서에서는 아들로, 교회 시대에서는 성령으로 나타난다는 것입니다. 이것은 처음 주장한 사람의 이름을 따서 '사벨리우스주의'Sabellianism라고 부르기도 하는데, 하나님의 삼위는 부정하고, 오직 한 분이라는 것만을 강조하는 것입니다. 그러나 이 이론은 삼위가 동시에 나타나는 경우를 설명할 수 없을 뿐만 아니라, 아버지가 아들을 보내셨고 아들이 아버지의 진노를 담당하셨고 아버지가 그것을 만족하셨다는 속죄의 핵심 기제를 설명할 수 없다는 분명한 약점을 가지고 있습니다.

'아리우스주의'Arianism는 성부는 인간 예수보다 선재하며 성자는 성부에 의해 창조되었기 때문에 성부와 동일하지는 않다고 주장합니다. 이것을 표현하는 용어가 헬라어 'ὁμοιούσιος'호모이우시오스, 즉 성부와 성자가 '동일 본질'이 아니라 '유사 본질'이라는 것입니다. 그러나 성경은 비록 성부와 성자의 관계를 아버지와

아들로 설정하지만, 성자 역시 성부와 동등한 속성을 가지고 있는 영원한 존재라는 것을 분명하게 밝히고 있습니다. 따라서 325년 니케아 공의회는 아리우스주의를 이단으로 정죄하였고, 381년 콘스탄티노플 공의회에서 재확인되었습니다.

'성자종속설'Subordinationism은 성자가 영원하며 창조되지 않은 하나님이지만, 그럼에도 그 존재와 속성에 있어서 성부와 동일하지는 않다고 주장합니다. 성자는 성부에 비해 그 존재에 있어 열등하고 종속되어 있다는 것입니다.

'양자론'Adoptionism은 예수는 세례를 받기 전까지는 평범한 사람이었지만 세례를 통해 하나님께서 양자로 입양하시고 초능력을 주셨다고 주장하는 것입니다. 그리스도는 인간으로 태어나기 전에는 존재하지 않았으며, 따라서 신성을 소유한 것도 아니며 다만 독특한 인간일 뿐이라는 것입니다.

3) 이렇게 다양한 이단들이 출현한 이유는 하나님이 삼위이면서 동시에 일체라는 교리가 인간의 이성으로 조화시키면서 이해할 수 있는 것이 아니기 때문입니다. 하지만 이들이 간과한 중요한 점이 있습니다. 우리는 지금 인간의 이성으로 신이신 하나님의 본질에 대해 논하고 있다는 사실입니다. 즉 피조물 인간이 창

조자 하나님을 이해하려고 노력하고 있다는 것입니다. 그런데 이것이 가능할까요? 피조물 인간이 창조자 하나님의 본질을 완벽하게 이해한다는 것이 가능할까요? 오히려 하나님의 본질이 우리에게 완전히 이해가 된다면 그것이 이상하지 않을까요? 존재 자체가 다르고, 본성 자체가 다르고, 이해력 자체가 다른데, 어찌 하등 존재가 고등 존재를 완전히 이해할 수 있다고 덤벼들 수 있을까요?

그러므로 우리의 한계를 인식한다면 하나님이 우리 입장에서 조화가 되지 않는, 그래서 하나만 옳고 다른 것은 틀리다고 생각되는 두 가지를 동시에 말씀하시면서 두 가지 모두 받아들이라고 하시면 우리는 그대로 하는 것이 피조물의 겸손한 태도일 것입니다.

성경은 삼위와 일체에 대해 분명하게 말하고 있지만, 우리의 '이성'으로는 잘 이해가 되지 않습니다. 삼위와 일체를 either/or 방식으로 이해하려고 하기 때문입니다. 그러나 성경은 모순처럼 보이는 두 가지를 동시에 제시하면서 두 가지 모두 그냥 받아들이라고 요구합니다. 즉 both/and 방식으로 접근하라는 것입니다. 우리의 이성을 기준으로 판단하지 말고 성경의 가르침 자체를 기준으로 우리의 사고방식을 바꿀 것을 요구하는 것입니다.

(2) 하나님의 초월성과 내재성

근대 계몽주의의 영향을 받은 신학자들은 인간 이성을 중심으로 신학을 재구성하면서, 성경과 신학에서 초월적인 요소를 제거하기 시작했습니다. 그 결과 성경에 기록된 하나님의 초월적인 모습은 인간의 이성적이고 과학적인 사고가 이해할 수 있도록 재해석되었습니다. 대표적인 것이 불트만의 '비신화화'demythologization 작업입니다.

그 결과 세상의 자연적인 흐름을 방해하는 것처럼 보이는 요소들은 축출되기 시작했는데, 그 중에는 하나님과 예수님이 베푸신 기적, 죽은 자의 부활, 심지어 천국과 지옥의 존재까지 포함되었고, 하나님 나라는 내세적 요소가 배제되고 현세적인 유토피아와 동격처럼 간주되는 상황에까지 이르게 되었습니다.

시간이 흘러 20세기 중반에 이르자 이번에는 초월성에 대한 지나친 강조가 '창조과학'이라는 기이한 얼굴을 가지고 나타났습니다. 그들은 이성적 판단과 과학적 관찰에 의한 지식이 하나님과 성경의 초월적인 속성에 손상을 가한다고 생각합니다. 그래서 자신들이 이해하는 성경 해석을 기초로 과학적 증거들을 거부하면서 하나님이 지금 우리가 가지고 있는 과학적 증거에 반하는 '기적적인' 일들을 행하셔서 세상을 창조하셨다고 주장합니다.

그들은 우주와 지구의 나이에 대한 과학적 증거는 모두 거짓이며, 그런 주장은 하나님의 능력을 과소평가하기 때문에 초래된 결과라고 주장합니다. 예를 들어, 하나님은 초월적이고 무한한 능력의 소유자이기 때문에 지구를 '성경에 묘사된대로' 1만 년 전에 창조하시면서 과학자의 눈에 더 오래 된 것처럼약46억 년 보이게 만들었다는 것입니다. 분명히 하나님은 전능하신 분이므로 마음만 먹으면 그렇게 하실 능력이 있다는 것이 사실이지만, 세상과 더불어 자연 법칙도 창조하셨고, 그 법칙에 의해 우주와 지구가 오랜 세월에 걸쳐서 형성되도록 의도하셨다는 과학의 분명한 발견을 무시하는 것은 과도하게 하나님의 초월성만 강조하는 함정에 빠졌기 때문입니다.

이처럼 많은 사람들이 하나님의 초월성과 내재성을 대립적으로 인식하여 둘 중 하나만 강조하면서 성경을 왜곡하는 결과를 초래하였습니다. either/or 사고방식의 함정에 빠진 것입니다.

(3) 속죄 교리 (doctrine of the atonement)

이분법적 사고방식either/or의 또 다른 예는 근대 신학이 속죄 교리를 다루는 방식입니다.

Gustaf Aulen이 '승리자 그리스도'Christus Victor를 강조하면서

'만족설'satisfaction theory를 밀어내고, 자유주의 신학이 죄와 하나님의 진노를 중심으로 하는 '형벌 대속론'penal substitution theory을 밀어내자, 보수적인 신학자들은 이에 대한 반발로 오히려 형벌 대속론에 기초한 '화목론'propitiation을 더 강조하면서 다른 이론들을 거의 무시하게 되었습니다. 20세기에 벌어진 세 가지 이론 사이의 극심한 논쟁의 결과, 그리스도의 속죄 사역은 선택의 문제로 전락하게 되었습니다. 예수님이 십자가에서 하나님의 진노를 받았거나, 사탄과 악에 대해 승리하셨거나, 우리를 하나님과 화목하게 하셨거나.

19세기 이전까지 전통적인 신학은 이 세 가지 이론이 서로 배치되는 것이 아니라 그리스도의 속죄 사역을 다양한 측면에서 설명해주는 것으로 인정했었지만, 근대에 벌어진 논쟁에서 각 진영이 취한 이분법적 방식은 성경이 풍부하게 담고 있는 그리스도의 속죄 사역의 의미를 파편화시키면서 성경의 진리를 온전히 이해하지 못하는 오류를 범하는 결과를 초래하였습니다.

Joel Green은 그리스도의 속죄 사역에 대한 이러한 선택적인 경향에 대해 비판하면서 성경에 계시된 속죄의 의미를 충실하게 이해하기 위해서는 보다 종합적인 사고가 필요하다고 역설합니다. either/or의 사고방식보다는 both/and의 통합적인 사고방식이 필

요하다는 것입니다.[5]

(4) 다른 주제들

위에서 언급한 세 가지 주제 외에도 이분법적 사고방식이 끼친 부정적 영향은 다양하게 나타납니다.

예수님이 인간이면서 동시에 신이라는 것을 이성적으로 받아들이기 어려워하는 사람들은 둘 중 하나만 강조하였습니다. 에비오니즘, 아리아니즘, 양자론은 신성을 부인했고, 가현설, 아폴리나리우스, 단성론자유티키아니즘는 인성을 부인했습니다. 그 결과 그들은 성경을 왜곡했다는 판정을 받고 모두 이단으로 규정되었습니다.

구원파는 예수님이 우리가 지은 과거와 현재와 미래의 모든 죄를 용서하셨다는 것을 지나치게 강조하다가 우리가 일상에서 여전히 범하는 죄에 대해 회개하고 용서를 구할 필요가 없다고까지 주장합니다. 이미 용서받았기 때문에 다시 회개할 필요가 없다는 것입니다. 그들은 한 가지 신학에 너무 몰입된 까닭에 주님이 가르쳐주신 기도마 6:12나 우리가 비록 하나님의 자녀지만 살아가

---

5) Joel B. Green, "Kaleidoscopic View," in *The Nature of the Atonement*: *Four Views*. ed. James K. Beilby and Paul R. Eddy (Downers Grove: InterVarsity, 2006), 157-85

면서 범하게 되는 죄를 자백하고 용서를 구해야 한다고 가르치는 요한의 조언요일 1:8-9을 무시하는 데까지 이르게 된 것입니다.

질병에 걸렸을 때 하나님의 직접적인 치유를 위해 기도해야 할까요, 아니면 의사의 도움을 받아야 할까요? 열광주의자들과 몇몇 이단들은 오직 믿음으로만 병을 고쳐야 한다고 주장합니다. 반대로 현대의 이신론적 기독교인들은 의사에게 가면 되는 문제를 굳이 기도할 필요가 없다고 생각합니다. 이들은 이것도 하고 저것도 해야 한다는 성경의 가르침을 무시하면서 한쪽 극단만을 주장하는 오류를 범하는 것입니다.

어떤 사람은 우리가 실천해야 할 가장 최고의 덕목은 사랑이라고 말합니다. 반면에 다른 사람들은 불의한 세상을 바로 잡고 이 땅에 하나님 나라를 임하게 하기 위해서는 정의를 세우는 노력을 해야 한다고 주장합니다. 양쪽 모두 사랑과 정의 중에서 어느 한쪽만을 강하게 주장하면서 다른 것을 내리누르는 것입니다. 이렇게 해서 사회적 정의를 도외시하면서 오직 개인적 사랑만을 강조하는 보수적 교회와 개인적 사랑의 실천은 구조적 정의 실현을 위한 동력을 약화시키는 것으로 여기는 진보적 교회의 양극화가 나타난 것입니다.

⑸ 반쪽 진리의 위험

지금까지 다양하게 살펴본 것처럼, 대립되는 것이 아닌 것을 대립적인 구도로 파악하면서 취사선택하는 행태는 신학의 역사에서 드문 일이 아닙니다. 이 모든 것이 진리의 한쪽만을 붙잡고 반대쪽은 거짓이라고 무시하는 경향과 관련 있습니다. 이것은 인간 이성을 중심으로 하나님과 성경을 자신이 만든 틀에 집어넣으려는 시도와 같습니다. 그러나 유한한 인간이 무한한 존재인 하나님과 그가 계시하신 성경을 완벽하게 정렬해서 틀에 넣을 수 있다는 생각 자체가 오류입니다. 오히려 성경은 우리가 이해 가능하도록 잘 정리한 틀을 제공해주기보다, 정리가 잘 안 되는 상황에, 때로는 모순처럼 보이는 상황에 우리를 몰아넣을 때가 훨씬 더 많습니다. 따라서 우리는 섣불리 이분법적인 사고방식을 동원해서 진리의 한쪽만을 취한 채 다른 쪽을 버리지 않도록 조심해야 합니다.

Snodgrass의 지적처럼, 기독교 역사에서 '이단'은 분명하게 악한 생각이나 사고방식을 주장하기 때문에 생겨나는 것보다는, 진리의 한쪽 측면만을 극단적으로 주장하면서 이것과 긴장 관계에 있는 다른 쪽 진리를 완전히 무시하면서 발생할 때가 훨씬 더

많습니다.[6]

　이와 관련해서 Snodgrass는 한 가지 이야기를 들려줍니다.

　악마가 부하와 함께 길을 가는데 그들 앞서 가던 어떤 사람이 무언가 빛나는 것을 줍는 것을 보았습니다. 부하가 물었습니다. "그가 무엇을 주운 겁니까?" 악마가 대답했습니다. "진리의 한 부분이니라." 부하가 다시 물었습니다. "그 사람이 진리의 한 부분을 발견한 것이 우리에게 위협이 되지 않겠습니까?" 악마가 대답했습니다. "아니다!" "나는 그가 진리 한 조각으로 종교를 만드는 것을 볼걸세."[7]

　균형을 취해야 완전해진다는 것을 알지 못한 채 한쪽 측면만을 주장하면 상황이 더 나빠질 수 있습니다. 잘못된 확신을 품게 되기 때문입니다. 그러므로 우리는 조심해야 합니다. 진리를 아직 발견하지 못했다고 생각하는 사람보다 진리의 일부분만 가진 채 완전한 진리를 발견했다고 착각하는 사람이 오히려 진리의 본질에서 더 멀어질 수 있기 때문입니다.

---

6) Klyne Snodgrass, *Between Two Truths* (Grand Rapids: Zondervan, 1990), 15.
7) Snodgrass, 35

3. 사람들은 왜 이분법적으로 사고하고 판단하는 것일까?

사람들은 왜 대립되는 것처럼 보이는 것들 중에서 어느 하나만 선택하려고 하거나 양극단에 있는 것을 선호하는 이분법적 경향을 보여줄까요? 기독교인들도 성경이 어느 주제에 대해 대립되는 것처럼 보이는 두 가지를 말할 때 왜 그 중 하나만 옳다고 생각하면서 다른 것은 버리는 이분법적 사고방식을 사용할까요? 몇 가지 이유를 생각해볼 수 있을 것입니다.

(1) 첫째, 플라톤에서 비롯된 이원론적 철학이 기독교 신학에 지대한 영향을 끼쳤기 때문입니다.

위에서 설명했던 '이원론'의 뿌리는 플라톤 철학입니다. 플라톤은 인간의 영혼은 신적 본성을 가졌는데 천상으로부터 추락해 육체의 감옥에 갇히게 되었다고 생각했습니다. 따라서 지혜를 사랑하는 이성이 육체의 욕망을 제어하여 이데아를 깨쳐야 하며, 그렇게 할 때 행복한 삶을 영위할 수 있다고 보았습니다. 이것이 정신과 육체, 그리고 이성과 감정을 대립시키는 이원론입니다. 플라톤의 이원론은 서구 사상에 지속적으로 영향을 미쳐서 사람들은 세상을 이원론적 방식으로 바라보면서 조화와 균형을 버리고 대립과 대결 구도를 설정하는데 익숙해졌습니다. 이로 인해 신과 인간, 인간과 자연, 선과 악, 육체와 영혼, 성과 속, 현재와 미래, 개인과 공동체, 자유와 규율, 이성과 감성처럼, 대조되는 것처럼 보이는 것들을 대립시키면서 둘 중에서 어느 하나만 옳거나 선하다는 생각을 점차 강화시켰습니다.

교회와 신학도 예외가 아닙니다. 플라톤 이원론의 영향을 받아 그리스도인들도 영-육 이원론과 이성-감정 이원론, 성-속 이원론 등 다양한 이원론에 기반을 둔 신학을 정립하게 되었고, 그것을 성경적인 개념이라고 오해하게 되었습니다.

(2) 둘째, 사람들은 복잡한 것보다 단순한 것을 선호하기 때문입니다.

일반적으로 사람들은 복잡한 것보다 단순한 것을 좋아하는데, 단순한 것이 이해가 쉬울 뿐 아니라 진리를 명쾌하게 보여준다고 생각하기 때문입니다. 그래서 사람들은 분야를 막론하고 잘 정리된 것을 좋아합니다.[8]

---

8) 수학의 복잡한 원리와 다양한 풀이 과정을 이해하려고 시도하기보다는 빠르게 정답을 도출할 수 있는 공식을 외우는 것을 선호하고, 현실 세상에서 경제 이론이 어떻게 변주되어 적용되어야 하는지에 관한 복잡한 설

그러나 세상의 복잡다단한 일들이나 다양한 인간사는 정답을 쉽게 도출해낼 수 있는 수학책과 같지 않습니다. 예를 들어, 인간이라는 존재는 어떤 한 가지 성격으로 쉽게 판단할 수 없습니다. 한 사람 속에도 선함과 악함이 동시에 존재하며, 때에 따라 바른 행동을 하기도 하고 또는 이해하기 힘든 행동을 하기도 합니다. 심지어 사랑이라고 생각되는 멋진 감정에도 속박이나 집착, 그리고 이기심이라는 나쁜 속성이 포함되기도 합니다. 마찬가지로 세상에서 벌어지는 일도 상황에 따라, 보는 관점에 따라, 사람이 서 있는 위치에 따라 전혀 다르게 판단되는 경우가 다반사입니다.

그럼에도 불구하고 사람들은 이런 복잡다단한 사안들을 종합적으로 이해하는 노력을 기울이기보다는 단순하고 명쾌한 결론을 빨리 얻는 것을 좋아합니다. 그래서 애매함과 긴장보다는 명쾌함과 단순함, 그리고 선명함을 좋아하는 인간의 본성을 거슬러 가는 것은 쉽지 않습니다. 이런 이유로 이분법적 사고방식은 단순함에 이르는 좋은 길을 제시해주는 것처럼 보이기 때문에 쉽게 채택되는 것입니다.

명보다 유명한 경제학 법칙을 상황과 변수와 상관없이 들먹이는 것을 좋아합니다.

(3) 셋째, 성경을 인간 이성의 논리성과 합리성을 기준으로 이해하려고 하기 때문입니다.

계몽주의 이후 인간의 이성은 모든 것을 판단하는 기준이 되었습니다. 이런 경향이 현대 교육을 받은 기독교인들에게도 그대로 주입되어, 성경을 읽거나 영적인 문제를 판단할 때에도 이성을 기초로 한 논리적 정합성과 합리적 이해 가능성에 맞추려고 시도합니다.

그러나 성경에는 인간 이성의 눈으로 볼 때 양립 불가능한 모순처럼 보이는 내용들이 많이 나타납니다. 하나님의 삼위일체세 분 하나님과 한 분 하나님와 예수님의 양성 교리신성과 인성의 공존, 하나님 나라의 '이미'already 이미 임한와 '아직'not yet 아직 완성되지 않은 구도가 대표적인 것들입니다. 성경은 이런 주제들을 우리가 이해할 수 있도록 친절하게 설명하지 않고 대립되거나 모순처럼 보이는 것들을 모두 진리인 것처럼 나열하면서 묘사할 때가 많습니다.

하지만 사람들은 자신의 이성적 이해력을 기준으로 성경의 '신비mystery, paradox'를 '모순'contradiction으로 판단하거나, 양립불가능하게 보이는 것들 중에서 어느 하나만을 진리라고 주장하거나, 모순처럼 보이는 양자를 섣불리 종합하려고 시도하다 성경의 원래 의도를 놓치는 잘못을 빈번하게 저지릅니다. 기독교 역사에 나타난 대부분의 이단들이 이런 오류에서 비롯된 것들입니다.

(4) 넷째, 사람들은 자신의 경험과 교육에 의해 한쪽으로 치우치는 경향이 있기 때문입니다.

인간은 다양한 경험과 교육이 누적되어 형성되는 존재이기 때문에 경험과 교육이 우리의 판단에 주는 영향은 거의 절대적입니다. 그러나 사람들이 수많은 경험을 하고 다양한 교육을 받지만, 대립되는 양극단의 상황을 동시에 경험하고 배우는 경우는 많지 않습니다. 그래서 자신이 경험하고 배운 한쪽 측면만을 절대화하면서 그것을 기준으로 옳고 그름, 선과 악을 판단하려는 경향을 보입니다. 때로는 한쪽 극단에 서 있다가 심한 환멸의 경험을 한 후에 정반대의 극단으로 달려가는 경우도 빈번합니다. 진보에서 극우로 전향하거나 극우에서 진보의 투사로 변신하는 경우가 그렇고, 교회에서 헌신적으로 봉사하다가 목사에게 상처를 받고 아예 교회를 떠나는 경우목사가 교회의 전부가 아님에도 불구하고도 그렇습니다.

더 폭넓은 경험을 쌓고 자신의 생각과 다른 견해에 관해 공부하면서 고정된 선입견을 교정하고 보완하면 좋겠지만, 이것이 생각만큼 쉽지는 않습니다. 설령 폭넓은 공부를 하고 다양한 경험을 습득한다 할지라도 자신의 입장을 바꾸는 것은 어찌 보면 지금 까지 토대로 삼아왔던 자신의 정체성을 송두리째 부정하는 것과 같은 것이기 때문에 쉽게 선택할 수 있는 것이 아닙니다. 중간에 어정쩡하게 서 있는 것보다 자신의 경험과 교육에 부합하는 어느 한쪽에 서 있는 것이 안정감도 주고 확신도 주고 불안정한 세상을 살아가는데 훨씬 많은 도움을 준다고 생각합니다. 결국 사람들은 양극단의 선명한 입장 중 하나를 선택하는 경향을 보이게 됩니다.

　　신앙과 신학 역시 경험이나 교육과 절대로 무관하지 않습니 다. 따라서 성경을 해석하거나 받아들일 때에도 자신의 경험과 받 아왔던 교육에 부합하는 입장을 취하다보니 손쉽게 양자택일의 세계관에 빠져들게 됩니다.

(5) 다섯째, 이분법에 기초한 단순한 해법을 추구하는 것이 우리 자신에게 이익이 되기 때문입니다.

　　예를 들어, 성스러운 것과 속된 것을 날카롭게 구분하는 성 속 이원론은 성도들과 목회자에게 편리함과 이익을 제공해줍니 다. 이원론은 성도들의 신앙생활을 간편하게 만들어줍니다. 성도 들은 종교적인 영역을 제외한 나머지 삶의 영역, 가정 · 회사 · 사 회 · 취미 · 재정 · 교육과 같은 수많은 일상 활동들을 신앙과 관련 짓지 않고 자신이 원하는 방식대로 살아도 아무 문제가 없다고 생각하게 됩니다. 이는 면죄부를 받는 것 같이 성도들 마음을 편안하게 해줍니다. 성도들은 예배에 잘 참석하고 헌금 잘 드리고, 교회 봉사를 적당히 했기 때문에 천국행 티켓은 이미 확보했다며 안심할 수 있게 됩니다.

또한 이원론은 목회자에게도 도움이 됩니다. 교회 운영이 이원론을 통해 수월해지기 때문입니다. 목사는 사람들을 교회로 모아 종교적 행사만 잘 치르고 '영적 제사장' 역할만 잘 수행하면 됩니다. 성도들의 삶과 종교적 영역이 충돌을 일으키지 않는 한, 목사가 성도들의 일상이나 세상에서 벌어지는 일에 크게 신경 쓸 일은 없어집니다. 오로지 성도들의 개인적 영성만 강조하고, 교회 생활에만 집중하도록 독려하고, 교회의 다양한 사명보다 오직 전도와 선교만을 강조하는 것이 교회 성장에 유리합니다. 이처럼 성도와 목회자의 이익(?)관계가 부합하기 때문에 이원론적 신앙 행태는 더욱 강화됩니다.

이처럼 대립되는 것처럼 보이는 두 가지를 동시에 강조하거나 어느 한쪽에 치우치지 않고 중간 입장을 취하는 것은 이중적인 노력이 수반되고, 그렇게 하면 초점이 흐려지면서 사람들을 선동하는 동력이 약해집니다. 따라서 대부분의 리더는 한쪽 방향만 옳다고 하면서 그쪽으로 사람들을 이끌어 가기를 원하기 때문에 쉽게 이원론에 빠지게 되고, 그런 리더를 따르는 사람들도 당연히 이원론의 기차에 쉽게 올라타게 되는 것입니다.

(6) 여섯째, 정치적인 이유 때문이기도 합니다.

세상의 공론장에서는 한쪽 극단에 서서 선명하게 목소리를 크게 내야 자신의 입장을 분명하게 보여주면서 지지 세력을 얻기가 쉬워집니다.

하지만 양쪽 입장 모두 진리의 요소와 오류의 요소를 함께 가지고 있다고 생각하는 사람은 어느 한쪽을 강하게 지지하기 어렵습니다. 그래서 설명이 길어지게 되고, 따라서 주장도 약해질 수밖에 없습니다.

어떤 정치적인 대의를 분명하게 주장하려는 의도가 강하면 강할수록, 이것도 옳고 저것도 옳거나 이것도 틀릴 수 있고 저것도 틀릴 수 있다는 주장을 '양시론兩是論' 혹은 '양비론兩非論'이라고 비판하면서 거부하는 태도를 취하게 됩니다. 정치적 동력은 분명한 태도에서 나오기 때문에 중간자적 입장은 분명한 대의를 손상하는 것이라고 여기며, 그렇기에 틀린 것이라고 섣부른 결론을 내리는 것입니다.

이런 상황은 정치적인 영역에서만 벌어지는 것이 아니라 신학의 영역에서도 동일하게 나타납니다. 어떤 신학적인 주제에서 A와 B 입장이 대립될 때, 둘 다 긍정적인 면도 있고, 부정적인 면도 있다고 하는 것보다는 어느 한쪽을 강력하게 주장하는 것이 자신의 선명성을 부각시키면서 지지자를 규합하는데 효과적입니다. 사람들은 어정쩡한 태도를 아직 공부가 설익었거나 확신이 부족한 것으로 여기기 쉬우며, 반대로 어느 한 견해를 강력하게 주장하면 그 확신에 설득되어 끌리는 경향이 있기 때문입니다.

(7) 일곱째, 자기 확신이 강해서 교만하기 때문입니다.

자기 확신이 강할수록, 그리고 자신의 이성과 지식에 대한 자신감이 클수록, 자신이 옳다고 여기는 입장을 강하게 주장하는 경향이 있습니다. 이런 사람은 중간 상태를 참지 못합니다. 어정쩡한 상태는 지식의 부족이고 확신의 부족이라고 생각합니다.

성경과 신학의 영역에서도 자기 확신이 강한 사람들은 자신의 입장이 절대적으로 옳다고 주장하면서 그것을 선명하고 분명하게 제시합니다. 이런 사람들은 신학이 우주 만물의 창조자요 섭리자이신 하나님의 생각과 뜻을 피조물 인간이 어두컴컴한 상태에서 더듬으면서 분별해나가는 과정이라는 사실을 잊어버립니다. 그래서 아무리 공부를 많이 해도 분명하게 결론을 내리기 어려운 문제들이 많다는 사실을 받아들이지 못합니다. 그 결과 대립되는 견해들 중에서 자신이 옳다고 생각하는 견해를 강하게 주장하면서, 다른 입장을 주장하는 사람들을 무시하거나 비난하고, 심지어 이단이라고 몰아붙이는 모습까지 보여줍니다.

그러나 앞에서도 설명했듯이 이분법적인 사고방식은 세상과 인간, 그리고 하나님과 성경을 이해하는데 별로 적합한 방식이 아닙니다.

4. 양립적 사고방식 (both/and way of thinking)

이분법적 사고방식의 한계가 점차 분명해지고 있기 때문에 그것을 극복하는 새로운 접근법이 필요한데, 그것은 대립되는 입장에 모두 존재하는 긍정적인 요소와 부정적인 요소를 인정하는 양립적 사고방식both/and way of thinking입니다. 이것은 대립되는 것처럼 보이는 것들 중 어느 한쪽이 절대적으로 옳은 것이 아니라 양쪽 모두가 부분적인 진리와 부분적인 오류를 품고 있을 수 있다는 것, 어느 한쪽에 절대적인 진리가 있다고 주장하기 어려운 애매모호한 영역이 있을 수 있다는 것, 또는 우리 눈에 양립 불가능하고 모순처럼 보이는 것일지라도 양자를 긍정하는 것이 옳을 수가 있다는 것을 인정하는 것입니다. 이것은 파스칼이 팡세에서 언급한 것과 맥을 같이하는 것입니다. "신앙과 도덕 모두에는 많은 진리들이 있다. 그것들은 모순처럼 보이지만, 함께 있을 때 멋진 시스템을 구성하게 된다."[9]

9) 블레즈 파스칼, 『팡세』. 최종훈 역 (서울: 두란노서원, 2020), 518

1. both/and의 양립적 사고방식이 필요한 현실적인 이유

(1) 첫째, 세상은 '이것이냐 저것이냐'의 이분법적 틀에 집어넣을 수 있을 만큼 단순하지 않기 때문입니다.

　우리가 사는 세상이 모든 변수가 잘 통제된 실험실이라면 A 나 B 중에서 하나가 완벽하게 옳을지도 모릅니다. 그러나 세상은 다양한 변수들이 복잡하게 얽혀 있는 곳입니다. 이런 세상에서 절대적으로 옳은 것을 찾는 것은 거의 불가능합니다.

　예를 들어, 가난한 사람에게 고기를 주어야 할까요, 아니면 고기 잡는 법을 가르쳐 주어야 할까요? 조금만 생각해보면 이것은 양자택일의 문제가 아니라 둘 다 해야 하는 일이라는 것을 알 수 있을 것입니다. 최저임금을 급격하게 올리는 것만이 모든 사람에게 절대적인 선이 아닐 것입니다. 그로 인해 영업이 어려워지는 자영업자의 상황이 있기 때문이다. 그러므로 최저임금 인상으로 인한 자영업자의 부담을 덜어주기 위해 노력하면서 적절한 인상 수준을 설정하는 노력이 필요합니다. 코로나 바이러스에 감염되지 않기 위해 학교 문을 닫는 것만이 능사가 아닙니다. 방역 절대주의에 경도되면 지금은 눈에 드러나지 않지만 평생 영향을 미치게 될 학습 격차를 방치하는 치명적인 결과를 초래할 수 있기 때문입니다.

인간 사회에 절대 악이나 절대 선이라는 것은 거의 존재하지 않습니다. 마치 영화 '기생충'이나 '나쁜 놈들 전성시대'의 등장인물들처럼, 또한 우리 자신의 모습처럼 우리는 의로운 척하지만 솔직하게 돌아보면 온갖 죄에 물들어 있다는 것을 인정하게 됩니다, 어떤 사람도 완전히 선하지 않고 또한 완전히 악한 것도 아닙니다. 아무리 극악무도한 살인자라도 자식들에게는 무한히 헌신하는 부모일수 있습니다. 반대로 아무리 외부에서 선한 사람으로 정평이 나 있더라도 가족이나 가까운 사람들에게는 매우 힘든 존재일 수 있습니다. 나는 좋은 사람인가요? 그럴 것입니다, 어떤 점에서는. 나는 나쁜 사람인가요? 그럴 것입니다, 어떤 점에서는. 당신은 관대한 사람인가요? 그럴 것입니다, 어떤 점에서는. 당신은 상대하기 어려운 까탈스러운 사람인가요? 그럴 것입니다, 어떤 점에서는. 이처럼 사람은 매우 복잡한 존재입니다. 선과 악, 관대함과 인색함, 사랑과 미움, 좋은 성품과 나쁜 성품이 모두 뒤섞여 있는 존재입니다. 그래서 어떤 사람을 고집이 세다거나, 이기적이라거나, 무신경하다거나, 무식하다고 한 두 마디로 규정하는 것은 잘못된 것이며, 오히려 그 사람에 대한 폭력일 수 있습니다.

이런 복합적인 모습은 인간들이 구성한 사회에서도 동일하게 나타납니다. 사회의 어떤 구성 요소도 절대적으로 악하거나 선하지 않습니다. 어떤 사람에게 좋은 정책이 다른 사람에게는 나쁜 것일 수 있습니다. 절대적으로 악하고 나쁜 정치인도 그렇게 많지 않습니다. 대부분의 정치인은 좋은 점과 나쁜 점의 양면을 모두 가지고 있습니다. 그래서 그들이 시행하는 정책도 양면성을 가지게 되는 것입니다.

그러므로 모든 것을 '이것 아니면 저것'으로 정렬하는 것은 복잡하게 얽혀 있는 세상이라는 실타래를 잘 풀어보려고 노력하기 보다는 간편하고 쉬운 해결을 위해 한가운데를 가위로 싹둑 잘라버리는 것과 같습니다. 이것은 명쾌하기는 하지만 올바른 해법은 아닙니다. 이렇게 하면 문제가 해결될 것 같지만 오히려 더 복잡하게 만들고 더 큰 문제를 야기합니다. 오히려 명쾌하지는 않지만 대립되는 것처럼 보이는 양자를 모두 붙드는 것, 그 사이에서 줄타기 하듯이 양자 사이에 혼재되어 있는 진리와 오류를 끊임없이 가려내려고 노력하는 것이 시간이 좀 더 걸릴지 몰라도 진정한 문제의 해결책이 될 수 있습니다.

Snodgrass는 기독교적 세상 이해는 하나님의 창조의 선함과 인간이 범한 죄의 영향이 복합적으로 혼재되어 있는 상황이라는 것을 잘 파악하는 것이라고 말하면서 다음과 같이 덧붙입니다.

"기독교 사상이 세상의 사상에 기여할 수 있는 최고의 것은 삶이 복잡하다는 것에 대한 강조다. 기본적인 질문들에 대한 모든 단순한 대답들은 오류일 가능성이 크다는 것이 기독교적 현실 이해이다. 다시 강조하건대, 정답은 either/or가 아니라 both/and에 있다."[10]

(2) 둘째, 우리가 하나님이나 하나님의 뜻을 담은 성경을 이해하려고 할 때 이성으로 모든 것을 이해할 수 있는 것이 아니기 때문입니다.

서양의 현대식 교육을 받아 이성적이고, 과학적이고, 합리적이고, 논리적인 방식에 깊이 젖어 있는 우리들은 '정답 하나'를 찾는데 익숙하고, 그래서 이것이 옳으냐 저것이 옳으냐를 묻기를 좋아하고, 모든 것을 반듯하게 정리하기를 원합니다. 하지만 하나님의 본성이나 영적 세계는 우리의 이성으로 판단할 때 딱 부러지게 이것이냐 저것이냐 하는 식으로 분류하거나 나눌 수 없는 것들로 구성되어 있는 경우가 많습니다. 인간의 분류나 이해를 위한 구도를 초월하는 것들이기 때문입니다.

Khiok-Khng Yeo의 언급처럼, 하나님은 알 수 없는 분이고 세상과 구분된 존재이지만, 그와 동시에 세상에 개입하여 들어오시

---

10) Snodgrass, 29

고 자신을 다양한 방식예수님, 성령, 창조만물, 다양한 사역을 통해서 보여 주시는 분이라는 것, 즉 하나님은 both/and로 인식해야 한다는 것을 기억해야 합니다.[11] 더욱이 하나님의 진리는 어떤 사람도 완벽하게 이해할 수 없는 것이기에, 사람들이 각자 파악하는 것마다 일부의 진리와 일부의 오류가 모두 포함되어 있을 가능성이 많습니다. 우리는 거울로 보는 것처럼 희미하게 보고 있기 때문입니다.고전 13:12

그러므로 어느 한쪽 입장만을 절대적으로 옳다고 주장하는 것은, 어떤 사안에 대해서는 맞을지 모르지만, 인간의 한계를 고려한다면 많은 경우에 오류일 가능성이 더 커 보입니다. 상황이 이렇다면, 우리는 내가 선택한 입장이 절대적으로 옳고 다른 사람의 생각은 전적으로 틀렸다고 주장하는 것이 매우 교만한 행위라는 것을 알 수 있습니다. 그러므로 우리가 자신의 한계를 인정하게 될 때 either/or 방식의 한계도 인정할 수 있으며, 그것의 약점을 보완할 수 있는 both/and 방식에 대해 열린 태도를 가질 수 있을 것입니다.

욥의 경우를 생각해봅시다. 욥은 자신이 죄를 범하지 않았

---

11) Khiok-Khng Yeo, "The 'Yin and Yang' of God(Ex. 3:14) and Humanity(Gen. 1:26-27)" *ZRGG* (46-4, 1994), 323)

음에도 불구하고 고난을 당하는 것이 이해되지 않았습니다. 당시의 신학적 논리에 따르면 고난은 죄에 대한 심판이며, 그것이 논리와 이치와 정의 관념에 맞게 보였기 때문입니다. 하지만 욥은 죄를 짓지 않았음에도 불구하고 고난을 당하고 있었습니다. 적어도 욥은 그렇게 생각했습니다. 그래서 죄가 없는데 고난을 당한다는 것이 욥에게는 전혀 이해가 되지 않는 모순적인 상황이었습니다. 고난을 당한다는 것은 죄를 지은 결과이고, 만약 죄를 짓지 않았다면 고난도 없다는 것이 합리적인 이해였기 때문입니다. 이것 아니면 저것일 뿐이지, 그 두 가지가 섞여 있을 수는 없다는 것이 욥을 비롯한 당시 사람들의 확신이었습니다. 그래서 친구들이 죄를 회개하라고 다그치지만 자신은 아무리 생각해도 이런 고난을 당한만한 죄를 짓지 않았다고 생각하기에 욥은 분통을 터뜨리면서 억울함을 호소합니다. 하지만 자신도 이런 상황을 신학적 논리로 설명할 수 없었기에 더 답답했습니다. 이런 상황은 나면서부터 눈이 보이지 않았던 아이를 두고 누구의 죄 때문에 이렇게 된 것인지 따지는 제자들의 모습과 비슷합니다. 그러나 상황은 그들의 논리나 신학으로는 설명되지 않는 것이었습니다.

이렇게 하나님의 본성이나 하나님의 생각, 그리고 그것이 반영되어 나타난 현 세상의 다양한 일들은 인간 이성과 논리적 합리성을 뛰어넘는 경우가 많기 때문에 모순처럼 보이지만 양립할 수 없을 것 같은 것들을 동시에 받아들이는 것both/and이 더 지혜로운 태도일 때가 많습니다.

(3) 셋째, 양립적 사고방식(both/and way of thinking)은 교회의 연합(unity)과 다양성(diversity)을 동시에 가능하게 해주는 방식이기 때문입니다.

성경은 우리의 기대와는 달리, 다양한 관점이나 측면을 보여주면서, 딱 부러지게 어느 한 쪽 입장만을 강력하게 주장하지 않는 경우가 많습니다. 이럴 때 우리는 모호함을 진리에 못 미치는 것이나 불명확한 것으로 치부하면서 참지 못하는 경향을 보일 때가 많습니다. 그러나 이런 태도는 문제를 위에서 조망하지 못하고 아래에서 일부만을 바라볼 때 생기는 불완전한 인식의 결과일 때가 많습니다.

이런 태도의 한 가지 결과는 성경이 의도한 '다양성'을 참지 못하고 단일성uniformity을 강제로 강요하는 것입니다. 그러면서 내가 옳다고 생각하는 것과 다른 견해에 대해 적대적인 태도를 가지게 되고, 그 결과 연합unity이 깨지게 됩니다. 따라서 either/or 사고방식에 너무 몰입하면, 하나님이 의도하신 다양성과 교회의 연합 모두를 파괴하게 되는 결과를 낳게 됩니다. 비록 어떤 주제에 대해 한쪽 입장이 옳다고 확신하더라도, 내가 절대자가 아니기에 나의 입장이 틀리고 다른 관점이 옳을 수도 있다는 생각을 하게 되면, 나와 견해가 다른 사람도 존중하면서 큰 틀에서 연합을 유지할 수 있는 가능성이 생깁니다. 진리를 향한 추구와 나와 생각이 다른 사람을 향한 사랑이 조화를 이루기 어려운 갈등 관계처럼 보일지 몰라도, 성경은 우리가 그 두 가지를 함께 붙들어야 한다고 말합니다.엡4:2, 15 진리 없는 사랑은 온정주의에 지나지 않으며, 사랑 없는 진리는 파괴적이기 때문입니다.[12]

2. both and의 양립적 사고방식의 예

(1) 인식의 한계

성경은 우리의 인식이 한계가 있으며, 하나님의 진리는 우리의 인식보다 훨씬 더 크기 때문에 우리의 이성으로 분명하고 명쾌하게 이해하기가 어렵다고 말합니다. "지금은 우리가 거울로 영상을 보듯이 희미하게 보지마는, 그 때에는 얼굴과 얼굴을 마주하여 볼 것입니다. 지금은 내가 부분밖에 알지 못하지마는, 그 때

12) Snodgrass, 186

에는 하나님께서 나를 아신 것과 같이, 내가 온전히 알게 될 것입니다."고전 13:12 따라서 우리 앞에 있는 수많은 복잡한 문제들을 양자택일식 사고방식으로 접근하면서 모든 것을 명쾌하게 정리하여 이해하려는 시도는 우리 자신의 한계와 성경의 본질을 제대로 이해하지 못하는 태도입니다.

우리는 희미함 속에서도 좀 더 분명한 진리에 도달하기 위해 최대한 노력해야합니다. 하지만 아무리 노력을 해도 대립되는 것처럼 보이는 두 가지 옵션 중 하나만 옳다고 말하기가 어려운 상황이 있으며, 따라서 대립되는 것들을 조화시키려는 우리의 노력이 한계를 가질 수밖에 없다는 것을 인정해야 합니다. 그렇기 때문에 either/or 사고방식을 무리하게 적용하기보다는 both/and 사고방식에 열린 태도를 가져야 합니다.

이제 either/or 양자택일식 접근 방식보다는 both/and의 양립적 사고방식이 더 나은 이해에 이르게 한다는 것을 보여주는 몇 가지 예들을 설명하려고 합니다.

(2) 하나님에 대한 이해

하나님의 본성에 속한 많은 것들이 either/or 방식보다는 both/

and 방식을 사용해야 제대로 이해할 수 있습니다. 즉 성경은 하나님에 대해 양자택일이 아니라 양자를 모두 긍정하는 태도로 접근할 것을 요구한다고 볼 수 있습니다.

1) 삼위와 일체

앞에서도 언급했듯이 삼위와 일체는 동시에 성립되지 않기에, 역사 속에서 많은 사람들이 삼위와 일체를 대립되는 것으로 보면서 둘 중에서 어느 하나만 취하고 나머지는 버리면서 이해 가능한 해법을 제시하려고 애썼습니다. 그러나 그 모든 해법은 삼위일체의 통일성을 부정하는 결과만 초래했습니다. 우리가 이렇게 모순되어 보이는 삼위일체를 긍정하는 이유는 삼위와 일체의 조합이 합리적이고 논리적이며 이해 가능하기 때문이 아니라 성경에서 그렇게 설명하고 있기 때문입니다. 그러므로 삼위일체를 받아들인다는 것은 인간 이해의 한계를 인정하면서 양자택일 접근법을 포기하는 것과 같습니다.

2) 초월성과 내재성

성경은 하나님이 피조물과 본질적으로 구별된 존재이며 우월한 존재라고 말합니다. 하나님은 높은 하늘에 계시고, 자신의 영광을 높은 곳에 두신 분입니다.시 8:1, 97:9 하나님은 피조물보다 높으시고 위대하신 분이며, 어떤 존재와도 비견될 수 없는 초월적인 존재입니다. 그래서 우리는 하나님을 함부로 대하지 않도록 조심해야 합니다.전 5:2 초월자 하나님은 높은 곳에 계십니다. 하나님이 계시는 곳으로 묘사되는 "높은 곳" "하늘"이라는 것은 어떤 장소를 지칭하는 것이 아닙니다. 솔로몬이 언급했듯이 "저 하늘, 저 하늘 위의 하늘이라도 주님을 모시기에 부족할" 것이기 때문입니다.왕상 8:27 이 표현은 하나님이 높으신 분이고, 존귀하시며, 최고의 주권을 가지신 분이라는 것을 비유적으로 표현한 것입니다.

그러나 다른 한편으로, 하나님의 초월성이 강조되는 곳에서 동시에 그의 내재성도 강조되고 있습니다.신 4:39, 10:14-15, 수 2:11, 사 57:15 하나님은 세상 속에 계십니다. 하나님은 우리에게서 멀리 떠나 계시지 않고 피조 세계에 현존하십니다.행 17:27-28 세상에 있는 모든 것들이 하나님께 의존하고 있고, 하나님은 그것들을 보호하시고 힘을 주십니다. 하나님은 우주 안에서 활동하시며, 역사와 인간의 삶 모두에 관여하십니다.시 19, 롬 1:20 이렇게 세상에 내재하시는 하나님은 우리의 형편과 사정을 헤아리고 공감하시는 분입니다. 하나님은 세상의 어느 권력자보다 위엄 있는 우주의 주권자이시지만, 높은 곳에 근엄하게 앉아서 위엄을 뽐내고만 있는 분이 아닙니다. 하나님은 우리에게 친근하게 다가오시고, 우리의 사정을 듣기를 원하시고, 우리의 슬픔에 공감하기를 원하시고, 우리의 고민을 해결해주기를 원하시는 분이기도 합니다.

이처럼 하나님은 양립 불가능한 것처럼 보이는 초월성과 내재성을 동시에 가지고 계십니다. 하나님은 피조물과 달리 독립적이고 자존하시며, 피조물이 범접할 수 없을만큼 거룩하고 영광 가운데 계신 분입니다. 그러나 동시에 하나님은 멀리 떨어져 계시지 않고 우리 가운데 계시면서 우리를 사랑하시고 우리와 밀접한 관계를 맺기 원하시는 분입니다. 우리의 아픔을 공감하시고, 우리가 걷는 십자가의 길을 동행하시고, 하나님 나라의 복음을 들고 땅 끝까지 나아갈 때 항상 함께 하시는 분입니다.

우리는 하나님의 양면을 동시에 붙잡아야 합니다. 우리가 편한대로 어느 한쪽만을 강조하는 것은 하나님을 왜곡되게 인식하는 것입니다. 하나님이 완전한 분이라는 것은 이런 양면의 완벽한 균형도 의미하는 것입니다. 이처럼 하나님은 우리가 자신의 초월적인 모습과 세상에 내재하시는 모습을 모순으로 여기지 말고 동시에 붙잡을 것을 원하십니다. 즉 either/or의 방식이 아니라 both/and 방식으로 하나님께 나아가기를 원하신다는 것입니다.

3) 예수님의 인성과 신성

예수님은 자신이 하나님과 동일한 형상이며요 14:9, 하늘에서부터 왔으며요 6:38, 따라서 자신과 하나님은 동등한 존재라고 주장합니다.요 3:13, 10:30 또한 예수님은 자신이 하나님과 동등한 권한을 가졌다고 주장합니다. 죄 사하는 권세막 2:5, 영생을 주는 능력요 5:24, 심판하는 권세요 5:22. 유대인들과 대화하는 중에 예수님은 자신이 아브라함이 태어나기 전부터 존재했다고 주장하셨습니다.요 8:58 유대인들은 이 말이 무엇을 의미하는지 알고 있었습니다. 즉 그들은 예수가 자신을 하나님과 동등한 존재라고 주장하는 것으로 제대로 이해한 것입니다. 그래서 그들은 예수가 신성 모독의 죄를 범했다고 생각하여 즉결심판을 하려고 했던 것입니다.요 8:59

그러나 이와 동시에 성경은 예수님이 분명한 인간이었다고 설명합니다. 예수님은 다른 사람들과 동일한 육체를 가지고 있었고, 그렇기에 육체적인 필요들을 느꼈습니다. 그는 몸의 반응대로 굶주리고마 21:18 목마르셨습니다.마 11:19 또한 피곤하면 잠을 자야 했습니다.마 8:24 칼과 창을 맞으면 피가 흘렀습니다.요 19:34 예수님은 인간의 모든 감정들을 동일하게 소유하고 있었습니다. 예수님은 다른 사람들과 마찬가지로 희로애락을 알았고, 또한 그 감정들을 자주 표현하셨습니다. 기쁨눅 10:21, 슬픔눅 19:41, 사랑요 11:5, 긍휼마 9:36, 분노막 3:5. 예수님은 다른 사람들과 마찬가지로 시련을 겪으셨고 유혹에 직면하셨습니다. 그는 공생애를 시작하기 전에 사탄의 시험을 받았습니다.마 4:1-11 베드로를 이용해서 십자가를 지는 것을 막으려는 사탄과 대립하기도 하였습니다.마 16:22-23 이 모든 것을 종합해볼 때 예수님은 인간의 탈만 뒤집어 쓴 비인간적인 존재가 아니라 완전한 인간이었다는 것이 분명합니다.

성육신하신 예수님이 신이며 동시에 인간이라는 것은 이해하기가 쉽지 않습니다. 두 본성이 어떻게 조화를 이루는지도 이해하기 어렵습니다. 그래서 기독교 역사에서 수많은 사람들이 둘 중 하나만 취하려고 한 것입니다.[13] 하지만 우리는 성경에서 예수님이 신적인 속성을 가지고 있고 동시에 인간적인 속성도 가지고 있다고 묘사하기 때문에 모순되어 보이는 두 가지 속성을 동시에 긍정하는 것입니다. 이처럼 예수님의 본성을 이해하기 위해 either/or 접근법을 사용하면 성경의 본질에서 벗어나 이단적인 가르침으로 미끄러져 들어가는 것을 피할 수 없습니다. 오직 both/and 사고방식으로 양자를 함께 붙들기 위한 노력을 해야 성경의 설명을 잘 따르게 되는 것입니다.

---

13) 에비온, 아리우스, 네스토리우스, 아폴리나리우스, 유티케스, 가현설

(3) 제자도

성경은 그리스도인의 제자도에 대해서도 either/or보다는 both/and 방식으로 접근해야 이해 가능한 것들을 많이 말하고 있습니다.

1) 세상에 있지만 세상에 속하지 않은 그리스도인

예수님은 우리가 세상에 속하지 않았다고 말합니다. 요 17:16 바울도 우리의 시민권이 하늘에 있다고 말합니다. 빌 3:20 그러나 동시에 우리는 세상에 속한 사람들입니다. 예수님은 비록 우리가 하늘의 시민이지만 세상을 떠나는 것을 원치 않으셨습니다. 요 17:15 오히려 사명을 주시면서 세상으로 보내셨습니다. 요 17:18 바울도 자신의 바람은 세상을 떠나서 그리스도와 함께 있는 것이지만 빌 1:23, 육신을 입고 살아가는 것도 보람된 일이라고 말합니다. 빌 1:22 그래서 둘 사이에 끼어 있다고 고백합니다. 빌 1:23

하나님 나라의 시민과 세상 나라의 시민이라는 모순처럼 보이는 두 개의 정체성 사이에서 많은 사람들은 하나만 택하여 마치 한쪽에만 속한 것처럼 살았습니다. 어떤 사람들은 현세의 삶을 무시하고 내세만을 중시하면서 마치 '죄 많은 이 세상은 내 집 아니네' 라는 태도로 살기도 했고, 다른 사람들은 내세에 대한 하나님의 약속을 무시하면서 이 세상에 하나님 나라의 유토피아를 만들려는 시도도 했습니다.

그러나 성경이 분명하게 언급하듯이 우리는 어느 한쪽에만 속한 자들이 아니라 양쪽 왕국에 동시에 속한 자들입니다. 따라서 어느 한쪽만 취하고 다른 쪽을 버릴 수 없습니다. 둘 사이에 균형을 잘 취해야 합니다. 이처럼 우리의 정체성과 삶의 태도를 결정하는 데 있어서도 either/or 방식보다는 both/and 방식이 더 합당하게 보입니다.

2) 예수님도 우리가 이 세상을 살아갈 때 모순처럼 보이는 두 가지를 함께 붙들어야 한다는 말씀을 자주 하셨습니다.

"뱀과 같이 슬기로와라." 그러나 "비둘기와 같이 순진해져라."마 10:16

"너희를 반대하지 않는 사람은 너희를 지지하는 사람이다."눅 9:50 그러나 "누구든지 너희의 말을 들으면 내 말을 듣는 것이요, 누구든지 너희를 배척하면 나를 배척하는 것이다. 그리고 누구든지 나를 배척하면, 나를 보내신 분을 배척하는 것이다."눅10:16

"너희는 하나님과 재물을 아울러 섬길 수 없다"마 6:24, 그러나 "불의한 재물로 친구를 사귀어라. 그래서 그 재물이 없어질 때에, 그들이 너희를 영원한 처소로 맞아들이게 하여라."눅 16:9

예수님은 육신의 가족이 참된 가족이 아니라고 말씀하셨습니다.마 12:48-50 14 그러나 예수님은 죽을 때 어머니 마리아를 제자 요한에게 부탁하실 정도로 육신의 어머니를 챙기셨습니다.요 19:27

예수님은 생명이 귀한 것이며 하나님께서 돌보신다고 말씀하십니다.마 6:25 15 그러나 "누구든지 제 목숨을 구하고자 하는 사람은 잃을 것이요, 누구든지 나와 복음을 위하여 제 목숨을 잃는 사람은 구할 것이다" 라고 말씀하기도 하셨습니다.막 8:35

---

14) "예수께서 말씀하셨다. '누가 나의 어머니이며, 누가 나의 형제들이냐?' 그리고 손을 내밀어 제자들을 가리키고서 말씀하셨다. '보아라, 나의 어머니와 나의 형제들이다. 하늘에 신 내 아버지의 뜻을 따라 사는 사람이 곧 내 형제요 자매요 어머니이다.'"

15) "그러므로 내가 너희에게 말한다. 목숨을 부지하려고 무엇을 먹을까 또는 무엇을 마실까 걱정하지 말고, 몸을 감싸려고 무엇을 입을까 걱정하지 말아라. 목숨이 음식보다 소중하지 아니하냐? 몸이 옷보다 소중하지 아니하냐?")

성경 연구자들은 이렇게 상반되는 것처럼 보이는 말씀들을 단일한 통일된 가르침으로 정리하려고 무던히 애를 썼습니다. 각자 취향을 따라 둘 중 하나를 기준으로 다른 말씀을 액면과 다르게 해석하려고 시도하거나, 어느 하나만 예수님의 의도에 부합되며 다른 하나는 다른 의도로 말씀하신 것이라고 설명하면서 모순처럼 보이는 것들을 서열화하는 방식으로 이해하거나, 각각의 말씀이 적용될 수 있는 상황이 다르다고 주장하기도 하였습니다.

그러나 이런 시도들은 예수님의 의도를 제대로 살리지 못합니다. 상반되는 것처럼 보이는 말씀들은 우리가 함께 붙들고 지혜롭게 조화시키기 위해 고민해야 할 내용이지, 둘 사이에 서열을 매긴다거나 하나를 무시한다거나 하는 방식으로 해결될 수는 없습니다.

지금까지 설명한 것들을 통해 우리가 알 수 있는 것은, 우리가 성경에 접근할 때 모순처럼 보이거나 양립불가능하게 보이는 설명을 우리의 이해가능성을 기준으로 재구성하려고 비틀기보다는 그것들을 함께 붙들고, 명쾌하게 정리되지 않는 것들을 그대로 받아들이고, 대립되는 두 가지 모두에 진리가 담겨 있을 수 있다는 것을 겸손하게 인정하는 것이 필요하다는 것입니다. 성경이

'이것이냐 저것이냐'를 넘어서 '이것도 옳고 저것도 옳다'고 말하고, '이것에도 진리의 요소가 담겨 있고 저것에도 진리가 담겨 있다'고 말하면, 우리는 그런 설명이 우리의 논리에 부합되지 않더라도 겸손한 마음으로 수용하는 것이 하나님과 그의 말씀을 존중하는 바른 태도입니다.

3. either/or에서 both/and로의 전환 흐름

과거에는 대립되는 것처럼 보이는 입장 중에서 하나만 옳다고 주장하는 경향이 많았지만, 점차 양극적인 자세를 버리고 둘 다 취하는 것이 바른 태도라는 것을 깨닫는 흐름이 여기저기서 생겨나고 있습니다. 실제로 많은 신학과 신앙의 주제들을 either/or 사고방식보다는 both/and 사고방식으로 접근해야 올바르게 이해할 수 있다는 것이 점차 분명해지고 있습니다.

(1) 믿음과 행위

양자택일 방식의 오류를 깨닫고 양립적 방식으로의 전환이 일어나고 있는 대표적인 주제가 믿음과 행위의 관계입니다.

종교개혁 이후 5백 년 동안 많은 신학자들이 '이신칭의'를 믿음과 행위가 대립되는 개념으로 이해했습니다. 바울 서신은 마치 행위와 율법을 대비시키면서 행위가 아니라 오직 믿음만으로 구원을 받는다고 가르치는 것처럼 보입니다.[16] 이것이 종교개혁 당시 로마 카톨릭과 가장 대비되는 개혁적 가르침이라고 생각한 학자들은 이것을 개신교의 절대 강령으로 삼았습니다. 하지만 성경에는 믿음뿐만 아니라 행위도 중요하며, 심지어 구원을 받는 데 있어서도 믿음뿐만 아니라 행위가 결정적인 역할을 하는 것처럼 묘사하는 구절들이 많이 나옵니다.[17]

이렇게 행위에 대해 서로 모순되는 것처럼 보이는 상반된 구절들 사이에서 학자들은 '이신칭의'라는 신학적 명제에 맞는 것만을 취하고, 나머지는 중요성을 격하하거나 구원과 상관없는 것으로 취급하기 시작했습니다.[18] 결국 믿음은 행위와는 상관없는 오직 '이성적인 동의'만을 의미하는 것으로 정리하면서 성경적 믿음관을 크게 훼손하게 되었습니다.

그러나 성경을 인간 이성의 잣대로 재단하기보다는 있는 그

---

16) 롬 3:20, 27-28, 4:2, 11:6, 엡 2:8-9
17) 마 5:20, 7:17-23, 약 2:20-26
18) 루터가 야고보서를 '지푸라기 서신'이라고 격하한 것이 대표적인 예입니다.

대로 받아들이기를 원하는 사람들에 의해 이런 신학적 왜곡은 도전받게 되었고, 믿음과 행위가 절대로 상반되거나 모순되는 것이 아니라 양립 가능하다는 사실을 점차 깨닫게 되었습니다. 믿음은 오직 이성적 동의만이 아니라 전인격적인 동의를 의미하며, 그것은 지.정.의 모든 영역에서 드러나야 합니다. 진정한 믿음은 머리로 동의하고 가슴으로 인정하고 행동으로 보여주는 것이어야 합니다. 따라서 그리스도의 십자가 없이 우리의 행위에 기초해서 구원을 얻을 수 없다는 것은 분명하지만, 행위가 제외된 '믿음'이라는 것은 존재하지 않으며, 이런 점에서 행위는 구원에 필수적이라고 말할 수 있을 것입니다. 이렇게 본다면 행위는 복합적인 의미를 갖게 됩니다. 한편으로는 그리스도의 구속적 믿음을 거부하고 자신의 공로로 구원을 성취하려는 시도와 관련된 '행위'이고, 다른 한편으로는 믿음이 참되다는 것을 보여주는 증거로서의 '행위'입니다. 이처럼 행위가 내포하고 있는 복합성을 이해하지 못한 채 일면적으로만 파악하면 믿음과 행위의 관계를 오해하게 됩니다.

행위의 이중적 성격은 은혜에서도 나타납니다. 우리를 향한 하나님의 은혜는 대개 '받을 자격이 없는 자에게 베풀어지는 호의'로 이해됩니다. 이것은 롬 3:24에 기초하고 있는 것처럼 보입니다. "그러나 사람은, 그리스도 예수 안에서 얻는 구원으로 말미암아, 하나님의 은혜로 '값없이' 의롭다는 선고를 받습니다." "자격 없는 자"에게 베푸는 호의이기 때문에 값없이 주어졌다고 하는 것입니다. 은혜는 받을만한 그 어떤 것을 하지 않았음에도 주어진다는 점에서 무조건적 은혜입니다. 그러나 사람들은 종종 이것이 성경에서 말하는 은혜의 전부라고 착각합니다. 즉 '무조건적 은혜'를 은혜를 베푸는 자가 아무런 반응을 기대하거나 바라지 않는 것으로 생각하는 것입니다. 그래서 은혜를 받은 자가 그 후에 아무것도 하지 않아도 상관없다고 생각합니다. 그러나 이것은 우리의 생각일 뿐이지 성경에서 말하는 은혜 개념이 아닙니다. 하나님의 은혜는 자격 없는 자에게 베푼 것이라는 점에서 '무조건적'이라는 의미이지, '반응'을 기대하지 않는다는 점에서 '무조건적'인 것은 아닙니다. 하나님의 은혜는 반응을 기대하는 호의입니다.

구약의 언약 개념은 이것을 잘 예시해줍니다. 하나님이 먼저 이스라엘 백성에게 다가와서 호의를 베풀고 언약을 맺었습니다.신5:2, 6 이스라엘 백성은 특별한 자격이 없는 민족이었습니다. 그럼에도 불구하고 하나님이 아무런 자격이 없는 백성을 선택하신 것입니다. 이런 점에서 이 언약은 분명히 은혜입니다. 그런데 하나님의 은혜는 반응을 요구하는 은혜입니다. 하나님의 은혜를 받은 이스라엘 백성은 은혜에 대한 반응을 보여야 합니다.신 5:7 하나님만을 섬기고 그의 명령을 따르는 것으로. 이 의무를 수행하지 않으면 언약은 깨진 것, 즉 은혜를 모르는 것으로 간주됩니다.

하나님의 은혜는 호의를 베푼 자에게 반응을 보이기를 기대하는 '선제적 호의'입니다. 예수님께서 말씀하신 만 달란트 빚진 자를 탕감하는 왕의 비유가 이것을 분명하게 보여줍니다. 하나님의 은혜는 새로운 삶, 변화된 삶을 기대하고 베푸는 호의입니다. 하나님은 우리에게 전적인 은혜를 베풀어주셨습니다. 그런데 그 선물은 조건이 있는 것이었습니다. 즉 반응을 기대하는 것이었다는 뜻입니다. 그것은 '선한 일을 행하는 것'입니다. 이것이 하나님이 우리에게 은혜를 베풀었을 때 기대하는 것입니다.엡 2:8-10 이처럼 은혜에 대한 반응은 하나님께 감사하여 예배하고, 하나님의 선함을 전파하는 것뿐만 아니라, 다른 사람에게 은혜를 베풀고, 나눠주고, 섬기고, 봉사하는 삶으로 나타나야 하는 것입니다. 그러므로 구원에 있어서 행위의 부정적인 성격구원의 기초가 아니라는 것과 더불어 긍정적인 성격은혜 받은 자의 마땅한 반응도 함께 붙들어야both/and 하나님의 은혜와 구원의 신비를 바르게 이해할 수 있게 됩니다.

이처럼 믿음과 행위는 대립되는 것이 아니라 동행과 협력과 동전의 양면과 같은 관계입니다. 따라서 우리가 믿음과 행위를 either/or 식으로 파악하려는 시도를 버리고 both/and 방식으로 이해하려고 할 때 그 관계의 본질을 제대로 파악할 수 있을 것입니다.

(2) 영성

그리스도인의 삶과 관련된 주제에서도 both/and의 양립적 사고방식이 필요하다는 인식이 커지고 있는데, 그중 하나가 '영성'과 관련된 것입니다. 기독교인이 추구해야 할 영성에서도 과거의 선택적 방식에서 통합적이고 균형 잡힌 태도로 변화가 일어나고 있습니다.

기독교의 다양한 전통들은 각자 자신들이 강조하는 영성의 형태를 가지고 있습니다. 종교개혁의 전통을 이어받은 대다수의 개신교 교파들은 '말씀의 영성' 혹은 '예전적 영성'을 영성의 중심에 놓았고, 오직 그런 모습만을 진정한 영성이라고 강조합니다. 그러나 18세기 산업혁명 이후 빈부격차가 커지고, 도시 빈민 문제, 노동 착취, 권력자의 부정부패, 제국주의의 수탈과 같은 이슈가 점증하면서 많은 교회가 '사회 개혁'에 적극적으로 참여하는 것이 영성의 본질이라고 주장하기 시작했습니다. 그들은 교회 안에서 개인적으로 하나님을 추구하는 것은 세상으로 보냄 받은 제자의 참된 모습이 아니며 세상 속에서 적극적으로 평화와 정의를 위해 행동하여 변혁을 이루어내는 것이야말로 진정한 영성이라고 생각합니다. 이와는 달리 거룩과 성결의 전통을 따르는 많은 교회는 예수님을 본받아 거룩한 삶을 추구하는 것이야말로 그리스도의 제자가 추구해야 할 영성의 핵심이라고 가르쳤습니다. 또 다른 한편으로, 19세기부터 시작되어 20세기 초에 절정을 이룬 대부흥을 토대로 형성된 오순절 운동은 성령의 초자연적인 은사를 체험하고 그 능력을 힘입어 살아가는 '은사주의 영성'을 강조하였습니다. 물론 카톨릭 교회에서는 교회 역사 초기부터 면면히 이어져 내려오는 수도원적 영성묵상, 침묵, 관상을 여전히 고수하고 있었습니다. 이처럼 각 교파들은 자신들이 성경에서 찾아낸 한 가지 모습을 중심으로 영성을 이해하고 있었습니다.

그러나 20세기 후반에 다양한 전통 사이에 교류가 활발해지고 동양의 신비주의와 성령 운동이 여러 교파에 영향을 주게 되면서 각 교회들은 자신의 고유한 영성에 더하여 새로운 영성의 모습을 하나둘씩 받아들이게 되었습니다. 예를 들어, 20세기 후반 전통적인 복음주의 교회에서 침묵과 묵상의 수도원적 영성에 대한 관심이 높아져서 수많은 교인과 학자들이 카톨릭 교회의 영성에 눈을 돌리게 되었습니다. 그렇게 해서 수도원을 중심으로 2천 년 동안 전수되어 온 영성이 개신교에 유입되기 시작했습니다. 그 결과 Emerging Church 운동이 나타났고, 여러 신학교에서도 '영성학'이라는 과목을 개설하기 시작했습니다. 그 후 개신교에서도 카톨릭적인 용어로 인식되었던 '영성spirituality'이라는 용어가 어느새 교회 깊숙이 들어와서 익숙한 단어가 되었습니다. 또 다른 한편으로 오순절 교회를 중심으로 활발하게 이루어졌던 성령 운동이 다른 교회들에까지 영향을 주면서 이제 성령을 중심으로 하는 열정적 은사주의 영성은 오순절 교회만의 전유물이 아닌 상황이 되었습니다.

이런 흐름 속에서 영성에 대한 다양한 연구가 이루어지면서, 영성은 취사선택의 문제가 아니라 통합적으로 생각해야 하며, 오히려 그렇게 할 때 우리의 영성이 더욱 풍성해질 수 있다는 것을 점차 인식하게 되었습니다.[19]

여전히 교회마다 개인마다 자신이 선호하고 강조하는 영성의 모습이 있지만, 오직 그것만이 유일한 영성이라는 생각은 희미한 과거의 기억으로 사라지고 있습니다. 오히려 영성의 다양성을 인정함과 동시에 가능하다면 다양한 영성 전통을 복합적으로 수

---

19) 이런 토대에서 저술된 영성에 관한 저서들이 속속 출판되고 있습니다. 리차드 포스터『생수의 강』; 게리 토마스『영성에도 색깔이 있다』; 토니 캠폴로&메리 앨버트 달링『친밀하신 하나님 행동하시는 하나님』

용하고 추구하는 것이 영성 개발에 도움이 되고 필요하다는 인식이 점차 커지고 있습니다. 과거 either/or 접근법에서 both/and 사고로의 전환이 이루어지고 있는 것입니다.

(3) 교회의 사명

세상을 향한 교회의 사명과 관련해서도 either/or 양자택일적 사고방식에서 both/and 양립적 사고방식으로의 변화가 일어나고 있습니다.

전통적으로 개혁 신학은 세상의 변혁을 위한 기독교인과 교회의 사명을 강조해왔습니다. 창세기 1장의 창조 명령과 요한복음 20장의 예수님의 파송 명령, 그리고 세상을 향한 하나님의 주권을 강조하는 칼빈주의 세계관에 기초하여, 대부분의 개신 교회는 하나님의 세상을 망치고 있는 각종 불의를 제거하고 하나님의 정의와 평화가 이루어지는 세상을 만들기 위한 적극적인 사회 참여를 강조했습니다. 진보적인 교회뿐만 아니라 복음주의 교회들도 사회적 책임을 인식하면서 교회 안에만 머무르는 것이 아니라 세상 속으로 침투해 들어가서 변화를 이끌어내기 위해 노력했습니다.

이에 반해, 종교개혁 당시 소수파로 박해를 받으면서 형성된 재세례파Anabaptist 그룹들은 세상을 향한 교회와 기독교인의 책임은 적극적으로 세상에 관여하여 변화를 이끌어내는 것이 아니라 기독교인다운 기독교인이 되고, 교회다운 교회가 되어 세상에 빛을 비춰 점진적으로 정체성의 변화를 이끌어내는 것이라고 생각했습니다. 주류 교회에서 볼 때 이들은 분리주의자요 은둔주의자로 보일 수밖에 없었습니다.

그러나 20세기 후반에 이르러 양 진영에서 변화가 일어났습니다. 재세례파는 과거보다 세상의 구조적인 악이 더 커지고 그 영향력이 증대하면서 기독교인도 그 영향권에서 벗어날 수 없다는 것을 인식하게 됨과 동시에 세상의 변화를 위한 기독교인의 적극적인 참여가 하나님의 의도에 부합된다는 것을 깨닫게 되었습니다. 그 결과 수동적인 자세에서 벗어나 적극적으로 세상의 정의와 평화를 위해 노력해야 한다는 사명을 인식하게 되었습니다. 주류 교회 역시 기독교인과 교회의 타락이 심해지면서 본질을 상실하는 모습이 커지고 그로 인해 기독교가 사회의 비판을 받아 사회 변화를 위한 노력 자체가 오히려 조롱거리로 전락하는 것을 보게 되면서, 과거 재세례파가 강조하던 제자도와 교회됨의 필요성을 절감하게 되었습니다. 그 결과 과거에는 사회 변혁을 위한 노력과 제자도와 교회됨을 위한 노력 사이에서 어느 한쪽으로 쏠리는 경향이 강했다면, 이제는 우리가 둘 사이에서 선택할 권한이 없으며, 양자를 통합적으로 붙들어야 세상을 향한 사명을 온전히 감당할 수 있다는 인식이 커지게 되었습니다. either/or에서 both/and로의 사고의 전환이 일어나고 있는 것입니다.

(4) 신복음주의(Neo—Evangelicalism)

20세기 중반에 태동한 신복음주의도 당시 날카롭게 대립하고 있던 두 가지 신학적 입장 가운데서 어느 쪽을 선택하는 것이 옳은가 라는 고민 속에서 나타난 산물이었습니다. 계몽주의의 영향으로 유럽에서 태동한 자유주의 신학이 급격하게 부상하자 전통적인 신학을 신봉하고 있었던 신학자들과 성도들은 위협을 느끼게 되었습니다. 그들은 세력을 규합하여 자유주의에 대항하는 전쟁을 벌였습니다. 결국 여러 신학교와 교회와 교단에서 근본주의와 자유주의의 대립과 다툼이 치열하게 전개되었고, 그 결과 교회와 신학교와 교단의 분열을 피할 수 없었습니다.

세월이 흐르면서 자유주의적 신학에 반대하는 보수주의근본주의 진영에 속해 있었던 사람들 중에서 보수주의 입장에도 불편함을 느끼는 사람들이 나타나기 시작했습니다. 근본주의의 반지성주의, 반과학주의, 사회의 불의에 눈감고 개인적 영성에만 관심을 쏟는 것, 과도한 율법주의와 같은 모습이 성경적이지 않다고 판단한 것입니다. 그렇다고 해서 자유주의 쪽으로 넘어갈 수도 없었습니다. 신학적으로 동의할 수 없는 것들이 많았기 때문입니다.[20] 그래서 이들은 제3의 길을 택했고, '신복음주의'라는 흐름이 형성된 것입니다.[21] 이들은 지성의 중요성, 하나님 나라의 현재성과 미래성의 균형, 사회적 참여의 필요성, 기독교와 과학의 상호 존중과 대화 등을 주장하면서 기존의 근본주의와 다른 입장을 견지했습니다. 이들은 자유주의와 근본주의 어느 쪽이 절대적으로 옳거나 틀렸다고 생각하지 않았습니다. 양쪽 모두 옳은 것과 잘못된 것을 동시에 가지고 있다고 보았고, 각각의 장점들을 취해서 새로운 입장을 전개해나간 것입니다. either/or사고방식을 버리고 both/and의 접근법으로 균형을 잡고자 시도한 것입니다.

지금까지 언급한 여러 변화들은 많은 사람들이 either/or의 이분법적 방식의 한계를 인식하고, 성경과 현실에서 더 많이 발견할 수 있는 both/and의 방법을 더 많이 수용하고 있다는 것을 보여줌

---

20) 예수의 대속적 죽음과 구원의 유일성, 예수 부활의 역사성과 종말 부활에 대한 기대, 복음 전도의 필요성, 성경에 대한 입장
21) 해럴드 오켕가, 칼 헨리, 빌리 그래함, Christianity Today, Fuller 신학교, Gordon-Conwell 신학교, Wheaton 대학, ETS(복음주의 신학회).

니다. 애매하기는 하지만, 시원하지는 않지만, 문제를 해결하는데 시간이 좀 더 오래 걸리기는 하지만, 균형을 잡기가 힘들기는 하지만, either/or를 넘어서 both/and로 나아가는 것이 진리에 훨씬 더 가깝게 다가갈 수 있다는 인식이 점차 퍼져나가고 있는 것입니다.

4. both/and 양립적 사고방식으로 접근해야 할 주제들

성경에는 either/or의 양자택일 방식이 아니라 both/and의 양립적 사고방식으로 접근해야 바른 이해에 도달할 수 있는 주제들이 많습니다. 그 중 몇 가지만 간단하게 생각해봅시다.

(1) 현세 신앙 vs. 내세 신앙

일제 강점기에 삶이 힘들고 고된 상황에서 많은 목회자들은 내세 신앙을 강조했습니다. 그것은 현실에서 더 이상 소망을 찾기 어렵다는 것과 예수를 통한 구원이 결국 천국에서 영원 복락을 누리는 것이라는 인식이 결합된 결과였습니다. 이런 신앙의 기초 위에서 최권능 목사는 '예수 천당 불신 지옥'이라는 표어를 강조했고, 손양원 목사는 비록 신앙인이 이 땅에서 힘겹게 살아가지만 다시 오실 주님을 간절히 기다리면서 소망을 가진다는 내용의 '주님 고대가'라는 찬송가를 써서 집회 때마다 열심히 불렀습니다.

이러한 내세 신앙은 현대에 변형된 형태로 이어졌습니다. 예수를 믿으면 천국행 티켓을 확보하는 것이고, 그것이 예수 믿는 것의 궁극적인 목적이므로, 현세에서 어떻게 살아야 하는가 하는 문제는 별로 중요하지 않다고 생각하는 것이었습니다. 그 결과 이 세상에서 기독교인답게 거룩하고 순결하게 살아가야 할 필요성이 사라지게 되었고, 이것은 필연적으로 기독교인과 교회의 타락을 가져오게 되었습니다.

내세 신앙이 한국 교회의 중심이 되면서 많은 성도들이 피안적 태도를 취하자 이에 반발하면서 기독교인의 현세적 사명을 강조하는 흐름이 생겨났습니다. 그것은 20세기 초중반에 전 세계를 뒤흔든 마르크스주의의 현세 유토피아 사상과 하나님 나라의 현재성을 강조하면서 이 땅에서 정의와 평화를 구현해야 한다는 신학의 영향을 받은 것입니다. 현세적 사명을 강조하는 사람들은 내세 신앙을 유아적이고 병리적인 것으로 치부하면서 오직 현재만 중요하고 의미가 있다고 주장하는 경향을 강하게 띠게 되었습니다. 심지어 내세 신앙을 현실에 대한 관심을 죽이는 마약과 같은 신화적 이야기로 치부하면서 부정하기도 합니다.

그러나 기독교에서 내세 신앙을 제거하면 실제적으로 세속적 도덕철학과 다를 바 없는 것으로 전락하게 되면서 기독교를 도덕 종교, 문화 종교, 시민 종교로 변질시킬 위험에 빠지게 됩니다. 기독교를 마치 이 땅에 유토피아를 만드는 사회변혁의 도구인 것처럼 여기는 것입니다.

둘 중에서 무엇이 옳을까요? 우리는 어떤 것을 기독교의 핵심으로 생각해야 할까요? 지금까지 많은 사람들이 이 두 가지 신앙 사이에서 하나를 선택해서 그것을 중심으로 신앙생활을 해왔습니다. 비록 이렇게 의도적이지 않더라도 어느 하나에 마음이 쏠리게 되면 자연스럽게 다른 하나를 무시하는 경향을 보여주기도 합니다.

그러나 성경을 잘 살펴보면, 성경은 이 두 가지 신앙을 모두 긍정하면서 동시에 각각의 위험성에 대해서도 경고하고 있다는 것을 알 수 있습니다. 베드로는 "우리는 주님의 약속을 따라 정의가 깃들여 있는 새 하늘과 새 땅을 기다리고 있습니다"라고 말하면서 내세 신앙을 강력하게 긍정하고 있습니다.벧후 3:13 다른 한편으로, 예수님은 자신이 이 땅에 온 목적을 설명하시면서 "주님의 영이 내게 내리셨다. 주님께서 내게 기름을 부으셔서, 가난한 사람에게 기쁜 소식을 전하게 하셨다. 주님께서 나를 보내셔서, 포로 된 사람들에게 해방을 선포하고, 눈먼 사람들에게 눈 뜸을 선포하고, 억눌린 사람들을 풀어 주고, 주님의 은혜의 해를 선포하게 하셨다"눅 4:18-19고 설명하셨습니다. 그러면서 자신을 따르는 제자들도 동일한 사역을 할 것을 원하셨습니다.눅 10:36-37, 요 20:21 이것을 통해서 우리가 알 수 있는 것은, 하나님은 우리가 현세에 하나님의 정의와 평화와 사랑을 실천하기 위해 노력하기를 원하지만, 그렇다고 해서 현세에 유토피아를 건설하는 것을 목적으로 삼는 것이 아니라 궁극적으로 하나님이 세우실 내세의 영원한 나라를 소망할 것을 원하셨다는 것입니다. 결국 현세 신앙과 내세 신앙은 둘 중 하나를 선택해야 하는 것이 아니라 둘 다 붙잡아야 하는 신앙의 모습입니다.

(2) 개인 vs. 공동체

한국 교회는 종교 자체가 가지고 있는 집단주의적 성격에 교회를 가족으로 여기는 성경적 교회관이 더해지고, 전통적인 유교적 가부장주의의 세례를 받아 집단주의 문화가 주류를 이루었습니다. 비록 카톨릭 교회처럼 교회 밖에는 구원이 없다고 주장하는 정도까지 나간 것은 아니지만, 기독교인은 마땅히 교회에 소속되어야 하고, 교회의 통제를 받아야 하고, 교회의 위계질서에 순종해야 한다고 가르쳤습니다. 이로 인해 교회는 강력한 결속력을 가진 공동체적 조직이 되었고, 교회에 대한 성도들의 헌신을 이끌어 내면서 교회가 부흥하는데 많은 도움을 받았습니다.

그러나 이러한 집단주의는 수많은 부작용을 낳았습니다. 목사의 권력 독점과 권위주의와 그로 인한 타락, 성도 개개인의 독특성과 다양성과 개별적 필요에 대한 무시, 신앙의 모습을 지도자가 정한 몇 가지로 한정하면서 그것을 벗어나는 것은 신앙이 부족한 것으로 매도하는 것과 같은 모습들이었습니다.

그러나 근래에 이러한 집단주의에 대한 반발이 일어나 교회를 이탈하여 혼자서 신앙생활 하려는 사람들이 폭증하였습니다. 이들은 교회의 집단주의에 대한 반발에 서구의 개인주의 사상의 영향을 받아 신앙을 오로지 개인이 하나님과 맺는 관계로 생각할 뿐 반드시 교회라는 공동체가 중요한 역할을 한다고 생각하지 않습니다. 이들은 개인이 교회라는 공동체를 위해 존재하는 것이 아니라 교회가 개인을 위해 존재하는 것이며, 따라서 얼마든지 개인의 이익그것이 영적인 이익이든 현세적인 이익이든을 추구하면서 움직이는 것은 전혀 문제될 것이 없다고 생각합니다.

이러한 개인주의적 신앙은 과거의 집단주의적 행태의 문제점을 비판하면서 교회의 민주화, 목회자의 권위주의 타파, 사역과 영성의 다양화 같은 긍정적인 변화를 이끌어내기도 했습니다. 그러나 지나친 개인주의와 그로부터 비롯된 탈교회 현상은 성경에서 강조하는 '하나님의 백성'이라는 공동체적인 성격을 경시하고, 서로 돌보고 서로 사랑하고 서로 섬기라는 성경의 공동체적 가르침을 실천 불가능하게 하고, 공동체를 섬기기 위해 주시는 성령의 은사를 무용지물로 만들어버리는 결과로 이어지게 되었습니다.

성경은 신앙적 결단에 개인적인 측면이 있으며, 신앙 성장을 위한 결심과 노력 역시 개인적인 차원이 강하다는 것을 강조하고, 단순히 교회에 속한다거나 교회의 예배에 참석한다고 해서 자동적으로 하나님과의 관계가 증진된다고 보지 않습니다. 이렇게 보면 하나님 앞에서 개인으로서 우리 각자가 바르게 생각하고 결단하고 행동해야 할 필요가 분명합니다.

그러나 다른 한편으로, 하나님의 구원에는 개인적인 차원뿐만 아니라 공동체적 차원이 있다는 점을 무시할 수 없습니다. 이 점에 대해 스탠리 그렌즈는 이렇게 말합니다. "성경에 의하면, 하나님의 궁극적인 바람은 모든 백성들로부터 갱신된 창조 속에 살고 삼위일체 하나님의 임재를 누리는 화해된 백성을 창조하는 것이다. 이러한 '공동체'에 대한 성경의 비전이 역사의 목표다."[22] 우리는 개인으로 구원 받았지만 공동체로 들어가기 위해 구원받았다는 의미입니다. 한 걸음 더 나아가서, 성경은 예수를 믿어 하나님의 백성이 되는 것을 그리스도의 몸의 지체가 되는 것이며고전 12:12-13 하나님의 가족의 일원이 되는 것으로엡 2:19 설명합니다. 즉 공동체의 일원이 되는 것이라고 분명하게 강조하는 것입니다.

그러므로 개인과 공동체는 결코 이분법적으로 생각해서도 대립시켜서도 안 되며, 둘 중 하나만 중요하게 여겨 취사선택할 수 있는 것도 아닙니다. 개인과 공동체는 동시에 붙잡아야 하고 동등하게 강조해야 하는 것입니다. 이 두 가지를 실제 삶에서 어떻게 조화시키면서 균형을 유지할지는 우리가 고민하면서 풀어가야 할 문제입니다.

---

22) Stanley Grenz, *Created for Community*: *Connecting Christian Belief with Christian Living* (Grand Rapids: Baker, 1996), 38

(3) 필요를 구하는 기도 vs. 하나님의 뜻을 구하는 기도

한국 교회 성도들이 자주 하는 기도는 '이것저것을 내가 원하는 대로 해주실 것을 믿습니다'와 같은 간구 기도입니다. '주여 삼창'을 외치면서 부르짖는 기도는 물질, 건강, 자녀 교육, 성공과 출세에 관한 문제가 중심적 내용을 차지하고 있습니다. 금요 철야기도회, 특별 새벽기도회, 신년 축복 성회와 같은 집회에서 외치는 기도의 대부분이 필요를 구하는 기도입니다.

한국 교회에서 울려 퍼지는 이런 간구 기도는 기복 신앙에 지나지 않으며 하나님을 나의 욕구에 맞춰 조종하려는 시도에 불과하다는 비판을 하는 사람들이 많습니다. 이들은 기도의 본질은 '하나님과의 교제와 대화'라고 하면서, 대화의 초점은 나의 요구 사항을 열거하는 것이 아니라 하나님의 말씀을 경청하고 그의 뜻을 이해하고 받아들이는 것이라고 말합니다. 기도한다는 것은 하나님이 내 삶의 주인이며, 내 삶의 모든 문제들의 주권자라는 것을 인정하고 받아들이는 과정이라는 것입니다. "이것은 우리 존재의 기본적인 사실을 인정하는 것이다." 즉 우리는 피조물이라는 것, 우리는 의존적인 존재라는 것, 우리는 다 알지 못한다는 것, 우리는 주변을 마음대로 통제할 능력이 없다는 것을 인정하는 것.[23] 이런 생각이 '하나님의 뜻대로 드리는 기도'와 연결되면, 우리가 드려야 할 진정한 기도는 겟세마네 동산에서 예수님께서 드리신 기도처럼 하나님의 뜻을 따르기 위해 나의 뜻을 내려놓는 기도라고 주장하게 됩니다.[마 26:39] 그 결과가 무엇일까요? 내게 필요한 것을 요청하는 기도는 초보적인 기도이고, 내 뜻을 하나님께 강요하는 것이며, 결국 하나님의 뜻에 순종하지 않는 태도라고 생각하는 것입니다.

기도에 대한 이런 견해는 성경에 토대를 둔 것처럼 보이지만, 기도를 이런 식으로만 생각하면 점차 기도 무용론에 빠지게 될 위험이 생깁니다. 기도가 하나님의 주권을 인정하면서 '하나님의 뜻대로 하세요'라는 것이라면, 우리가 기도를 해도 하나님 뜻대로 되는 것이고 안 해도 하나님 뜻대로 될 것이니, 결국 기도하는게 무슨 의미가 있는지 모르겠다는 생각으로까지 이어지게 될 것입니다.

그러면 우리는 어떻게 기도해야 할까요? 나의 필요를 위해 기도하는 것은 기복신앙이므로 배제해야 하고, 오직 하나님의 뜻이 이루어지기를 위해서만 기도해야 할까요?

---

23) 사이몬 찬, 영성 신학 김병오 역 (서울: IVP, 2002), 181.

비록 하나님의 뜻을 구하는 태도가 중요하기는 하지만, 그 렇다고 해서 우리의 필요를 간구하는 것을 모두 기복 신앙이라고 몰아붙이는 것이 옳다고만 볼 수는 없습니다. 성경에는 우리가 기복 신앙이라고 비판하는 것과 유사한 내용을 기도한 사람들이 자주 등장하며, 하나님께서도 그런 기도에 종종 응답하신 것을 볼 수 있습니다. 죽음을 앞두고 자신의 수명을 연장해달라고 간구한 히스기야, 사르밧 과부의 아들을 살려달라고 기도한 엘리야, 장모의 병을 고쳐달라는 베드로의 요청을 들어주신 예수님, 육체의 가시가 제거되기를 위해 기도한 바울, 베드로가 옥에 갇혔을 때 풀려나게 해 달라고 간절히 간구한 교회 성도들, 등등.

기도가 하나님과의 대화라는 것은 기도의 핵심을 잘 짚어준 것이기는 합니다. 그러나 어떤 문제에 봉착해도 의연하게 믿음으로 모든 문제에 잘 대처할 뿐 굳이 하나님의 도움을 요청하지 않는 것이 성숙한 신앙인의 모습이라고 생각하는 것은 오히려 하나님의 도우심을 구하지 않는 교만일 수 있습니다. 오히려 "간구하는 기도는 우리에게 하나님이 모든 좋은 것의 원천이시라는 사실과, 인간인 우리는 전적으로 의존적이며 모든 것을 필요로 한다는 사실을 상기시켜주는" 것이기에, 문제그것이 무엇이든의 해결을 위해 열심히 간구하는 것이 하나님을 하나님으로 인정하는 태도일 것입니다.[24] 예수님도 우리에게 필요한 양식을 내려 주시기를 위해 기도하라고 가르치셨고[마 6:11], 필요한 것을 위해 열심히 기도해야 하며, 그렇게 한다면 하나님이 반드시 응답하실 것이라고 약속해 주셨습니다.[눅 11:9-10][25]

물론 성경은 우리가 하나님과의 관계에 관심을 갖지 않고 그 관계를 돈독하게 만들기 위한 노력을 하지 않은 상태에서 자신의 욕심만을 위해 기도하면 응답을 받지 못할 가능성에 대해서도 분명하게 경고하고 있습니다.[약 4:3]

그렇다면 올바른 기도는 하나님의 뜻을 제쳐두고 나의 욕구만을 채우려는 것도 아니요, 당면한 문제의 해결을 위해 하나님의 도움을 요청하지 않고 오직 주의 뜻이 이루어지게 해 달라는 '거룩한 태도'로 하나님께 나아가는 것도 아닙니다. 우리는 여기서도 '이것이냐 저것이냐' 하는 접근법을 버리고 '이것도 취하고 저것도 취하는' 양립적인 태도를 가져야 합니다. 실제 기도 생활에서 이 두 가지를 조화시키는 것이 그렇게 쉽지는 않지만, 그렇다고

---

24) 그렌츠, 기도, 마영례 역 (서울: SFC출판부, 2007), 102

25) "내가 너희에게 말한다. 구하여라, 그리하면 너희에게 주실 것이다. 찾아라, 그리하면 찾을 것이다. 문을 두드려라, 그리하면 너희에게 열어 주실 것이다. 구하는 사람마다 받을 것이요, 찾는 사람마다 찾을 것이요, 문을 두드리는 사람에게 열어 주실 것이다."

해서 임의로 어느 하나만 취해서 그것만이 올바른 기도인 것처럼 생각하는 것은 하나님의 뜻을 왜곡하는 것입니다.

5. 오해 및 주의할 점

지금까지 성경과 신학을 대할 때 우리가 either/or의 양자택일 접근법을 사용한 결과 잘못된 이해에 이르게 된 경우들을 살펴보았고, 그래서 이제는 both/and의 양립적 사고방식을 더 적극적으로 사용해야 한다는 것을 여러 가지 예시를 통해서 설명했습니다.

마지막으로, 많은 사람들이 양립적 사고방식에 대해 오해하는 것들을 살펴보고, 양립적 사고방식을 사용할 때 조심해야 할 것들에 대해서도 생각해보려고 합니다.

1. 첫째, 양립적 사고방식은 단순히 기계적 중립을 의미하지 않습니다.

(1) 기계적 중립을 추구하는 것은 양립적(both/and) 사고방식을 절대화하면서 양자택일(either/or) 사고방식을 절대화하는 것

과 동일한 오류를 범하는 것입니다.

J. Y. Lee는 서구 신학의 either/or 사고방식의 문제점을 강하게 지적하지만, 그렇다고 모든 신학적 문제에 대해 both/and 사고방식을 적용해야 한다는 것은 아니라고 바르게 부연합니다. either/or 방식의 한계를 극복하는 것은 그 방식을 완전히 제거하는 것이 아니라 주제에 따라 either/or 와 both/and 중에서 어느 것을 적용하는 것이 좋을지 잘 판단해야 한다는 뜻입니다. 결국 분별이 필요하다는 것입니다.[26] 우리가 피해야 할 태도는 단순하게 어느 하나만 옳다고 하거나 또는 둘 다 옳다고 성급하게 결론 내리는 것입니다. 우리에게 필요한 태도는 주어진 주제에 대해서 좀 더 세심하게 살펴보면서, either/or 사고방식이 적합한지둘 중 하나만 옳다고 판단하든지 아니면 both/and 사고방식이 적합한지둘 다 동시에 취해야 올바른 결론에 도달할 수 있다고 생각하든지 잘 판단해서 적용하는 것입니다.

그러면 어떤 이슈에 어느 사고방식을 적용하는 것이 좋을까요? J. Y. Lee는은 부수적인 주제penultimate issue에는 either/or를 적용하고, 가장 근본적인 주제ultimate issue에는 both/and를 적용해야

---

26) Jung Young Lee, *The Trinity in Asian Perspective* (Nashville: Abingdon Press, 1996), 33.

한다고 말하지만[27] 오히려 그 반대여야 할 것입니다. 가장 근본적인 주제에는 either/or 방식을 적용하고, 부수적인 주제에는 both/and 사고방식을 적용하는 것이 옳을 것입니다.

⑵ 몇 가지 예를 생각해봅시다.

예수님께서 신 6:4-5을 인용하여 "첫째는 이것이다. '이스라엘아, 들어라. 우리 하나님이신 주님은 오직 한 분이신 주님이시다. 네 마음을 다하고, 네 목숨을 다하고, 네 뜻을 다하고, 네 힘을 다하여, 너의 하나님이신 주님을 사랑하여라.'" 하고 말씀하셨을 때[막 12:29] 우리에게 선택이나 균형을 기대하신 것이 아닙니다. 참된 신은 오직 여호와 한 분뿐이기에 우리가 섬겨야 할 대상도 오직 여호와 한 분뿐입니다. 여호와와 다른 존재 사이에서 균형을 취하면서 동시에 섬기는 것은 있을 수 없는 일이라는 뜻입니다. 여기서는 여호와를 섬길 것인지 아니면 다른 신을 섬길 것인지 분명한 태도를 정해야 합니다. 여기서 both/and 접근법을 사용하면서 둘 다 섬기는 것이 좋다고 말하는 것은 예수님의 의도와 어긋납니다.

---

27) Jung Young Lee, "'The Yin-Yang Way of Thinking': A Possible Method for Ecumenical Theology." *International Review of Mission* 60 (July 1971), 370.

예수 그리스도의 구원의 유일성 역시 both/and 사고방식으로 접근할 수 없는 절대적인 것입니다. 석가모니도 좋고, 마호멧도 좋고, 브라흐마도 좋은 것이 아닙니다. 오직 그리스도만이 유일한 구원자이기 때문입니다. 예수 외에는 우리에게 구원을 얻을 이름을 주신 적이 없다는 것은 우리에게 분명한 선택을 요구하는 것입니다.행4:12

이런 점에서 서구의 신학이 either/or 사고방식으로 경도되어 통합적 사고를 잃어버렸다는 Lee의 주장은 옳지만, 그가 기독교와 불교를 비교하면서 불교는 다른 종교를 배척하지 않고 자신의 품에 수용하여 통합적이고 포용적인 모습을 보여준 반면, 기독교는 either/or 사고방식에 의거한 배타적인 태도를 보여주어 아시아의 여러 지역중국, 일본, 인도 등에서 토착문화나 종교와 잘 융화되지 못하고 갈등을 빚었다고 말하는 것은 수용하기 어렵습니다.[28] 그러나 근본적이고 핵심적인 이슈 외에 다른 신학과 신앙적 이슈들을 대할 때는 either/or 방식보다는 both and 사고방식을 적용하는 것이 좋을 경우가 많습니다.

---

28) J. Y. Lee, "The Yin-yang way of thinking", 363.

2. 둘째, 이것은 우리의 주관적이고 자의적인 종합이 아닙니다.

어떤 주제에 대해 both/and 접근법을 주장하는 것은 임의적인 판단이 아닙니다. 과거에 either/or의 사고방식이 너무 만연해 있어서 그렇게 접근하면 안 되는 영역까지 그 방식을 사용하려고 했다는 문제의식을 가지고, 그것을 보완하는 차원에서 both/and 방식이 필요하다고 말하는 것입니다. 또한 both/and 사고방식을 사용하려는 이유는, 성경이 많은 경우에 either/or 보다는 both/and 접근방식을 사용하고 있다는 것을 발견했기 때문에 그 길을 따르려는 것뿐입니다. 어떤 주제에 대한 성경의 가르침을 치열하게 탐구한 후에 성경이 대립되는 것처럼 보이는 입장들을 모두 긍정한다고 판단될 때, 또는 우리가 섣불리 어느 한쪽이 완벽하게 옳다고 결론을 내리기 어려울 때, either/or의 배타적인 방식보다는 both/and 의 통합적인 방식을 적용하려는 것입니다.

만약 성경이 둘 중에 하나만 옳다고 말하는 것이 분명하다면 우리도 그렇게 판단해야 할 것입니다. 하지만 성경이 양쪽 입장 모두에 진리의 요소가 있다고 하면 우리는 둘 중 하나만 선택하거나, 둘을 무리하게 통합하거나, 둘 사이에 서열을 매기지 않고, 비록 모순처럼 보이거나 또는 조화가 어렵게 보여도 둘 다 긍정하면 서 붙들어야 합니다.

이 과정에서 우리는 겸손한 태도로 성경에 접근하면서 섣불 리 어떤 명확한 결론을 내리지 않도록 주의해야 합니다. 이렇게 '이것이냐 저것이냐' 라는 이분법의 굴레에 너무 성급하게 빠져 들지 않으려는 노력을 기울이는 것 자체만으로도 의미가 있습니 다. 그렇게 할 때 양극단의 입장이 범하는 오류를 교정할 수 있는 기회를 갖게 될 것이기 때문입니다.

3. 셋째, both/and 사고방식을 사용한다는 것이 윤리적 상 대주의를 의미하는 것은 아닙니다.

성경은 많은 영역에서 무엇이 옳고 그른지에 대한 분명한 윤 리적 지침을 주고 있지만 우리 시대는 점차 이사야가 묘사한 모 습을 따라가고 있습니다. "악한 것을 선하다고 하고 선한 것을 악 하다고 하는 자들, 어둠을 빛이라고 하고 빛을 어둠이라고 하며, 쓴 것을 달다고 하고 단 것을 쓰다고 하는 자들에게, 재앙이 닥친 다!"사5:20 윤리적 기준이 모호해지고 있을 뿐만 아니라 윤리적 판 단 자체를 회피하려는 경향도 커지고 있습니다.

하지만 이사야의 비판처럼 이런 태도는 진리이신 하나님을 따르는 사람들의 올바른 모습이 아닙니다. 우리는 다양한 윤리적 문제들에 대해서 "하나님의 선하시고 기뻐하시고 완전하신 뜻"이 무엇인지 분별하려는 노력을 포기해서는 안 됩니다.롬 12:2 따라서 이래도 좋고 저래도 좋은 태도를 칭송하는 상대주의 시대에서 우리는 무엇이 옳고 틀린 것인지 분별하기 위한 노력을 최대한 기울여야 합니다.

하지만 이런 입장을 견지한다고 해도, 현대의 삶이 매우 복잡하여 어느 한 가지 윤리 규정으로 선악을 판단하는 것이 쉽지 않다는 것 역시 인정해야 합니다. 우리가 명확하게 판단할 수 없는 문제들이 있고, 대립되는 양쪽 모두에 진리의 요소가 들어있는 경우들이 있다는 것을 인정해야 합니다. 그런 영역에서는 무리하게 '이것이 옳으냐 저것이 옳으냐'를 날카롭게 판단하려고 하지 말고, 양자 모두에 진리의 요소가 있을 수 있다는 것을 인정하면서 겸손하게 길을 찾아 나서는 것이 좋을 것입니다.

예를 들어 '거짓말'이라는 주제를 생각해봅시다. 성경은 거짓말을 옳지 않은 것으로 규정하는 것이 분명합니다.[29] 하지만 우리는 복잡한 세상에서 무엇이 거짓말인지 분별하기 어려운 상황

---

29) 마 5:33, 7:15, 19:18, 요 8:44, 롬 12:9, 엡 4:25

에 처할 때가 있고, 때로는 사실과 다른 말을 하는 것이 필요하거나 더 큰 선을 이룰 수 있다는 것을 발견하기도 합니다.[30] 그래서 이런 상황에서 사실과 다른 말을 하는 것을 '거짓말'이라는 범주에 넣는 것이 맞을지 고민하게 됩니다. 이런 상황에서도 칼로 무를 자르듯이 날카롭게 either/or 접근방식을 사용하여 어느 하나만 옳고 나머지는 모두 틀리다고 주장하는 것은 바리새적인 태도일 수 있습니다. 오히려 우리의 한계 속에서 거짓말을 용인할 수밖에 없다는 겸손한 태도를 취하는 것이 윤리적으로 더 옳을 때도 있습니다. 그러므로 윤리적 영역에서도 either/or 접근법이 항상 옳은 것이 아니라 때로는 both/and 사고방식이 필요하다는 것을 인정해야 합니다.

그럼에도 불구하고, 어느 접근법을 사용하는 것이 좋으냐 하는 것은 성경과 상황을 치열하게 연구한 후에 내리는 결론이어야 하며, 결코 시대에 영합하여 선험적이고 절대적으로 설정하는 판단이 되어서는 안 될 것입니다.

---

30) 잡히면 처형당할 것이 분명한 유대인을 숨겨준 상황에서 나치가 유대인이 어디 있는지 알려달라는 요구에 거짓말 하는 경우, 라합이 정탐꾼을 숨겨주고 여리고 군인들에게 거짓말을 한 경우, 시한부 인생을 사는 환자에게 소망이 필요한 상황에서 조금 더 오래 살 수 있다는 '하얀 거짓말 (white lie)'을 하는 경우)

4. 넷째, 이것은 온전한 진리를 찾으려는 시도를 포기하는 것이 아닙니다.

진리가 어느 한쪽에 있는 것이 아니라 양쪽 모두에 있을 수 있다고 하면 아예 진리를 찾으려는 노력을 포기하는 것이 낫다고 생각할 위험도 생깁니다. 어차피 잘 모르고, 분명치도 않으니 쓸데없는 노력을 하지 말자는 태도입니다.

그러나 both/and 양립적 사고방식은 우리가 성급하게 어느 한쪽으로 치우쳐서 판단하지 말자는 것이지 진리를 추구하는 노력을 포기하자는 것이 아닙니다. 오히려 이것은 우리의 무지와 한계를 인정하면서 계속해서 진리를 찾으려는 노력을 기울이겠다는 결심과 연결됩니다. 그러므로 both/and 접근법은 either/or 접근법이 단순하고 명쾌한 해법을 추구하려다 범할 수 있는 오류를 인식하면서 좀 더 신중하고 겸손하게 진리를 추구하려는 시도입니다. 지금 당장 결론을 내리지 못해서 답답한 상태가 성급하게 결론을 내리려다가 오류를 범하고 상대방이 틀렸다고 몰아붙이면서 정죄하는 것보다 덜 위험하기 때문입니다.

6. 마무리

　　계몽주의 시대 이후 이성과 합리성에 토대를 둔 학문적 경향은 중간 공리를 배제하는 either/or 양자 택일식 사고방식이었습니다. 선과 악이 분명하고, 옳고 그름이 분명하며, 한쪽이 옳으면 다른 쪽은 필연적으로 틀리다고 규정하는 것이 바른 태도로 인정되어왔습니다. 그러나 현실의 문제가 그런 방식으로 쉽게 설명되지 않는다는 깨달음과 진리탐구의 영역에서도 양자 택일식 사고방식이 포괄하지 못하는 영역이 많다는 인식이 커지면서 either/or 사고방식은 절대적인 위치에서 내려오게 되었습니다. 서구에도 식민 제국주의 시대 이후 동양의 종교와 학문이 소개되어 다양한 분야에 영향을 미치면서 양자택일식 사고방식을 극복하는 방법으로 신비적이고 융합적인 both/and 사고방식이 약진하게 되었고, 그것이 동서양을 떠나 모든 지역에 퍼지고, 모든 학문의 영역에도 영향을 주고 있습니다.

양립적통합적 사고방식은 학문의 세계를 넘어 다양한 분야까지 그 영향력을 확대해가고 있습니다. 심지어 가장 합리적인 판단이 요구되는 영역이라고 할 수 있는 경영계에서도 both/and 사고방식이 점차 인정을 받는 아이러니한 모습을 보여주고 있습니다.

　　『성공하는 기업들의 8가지 습관』, 『좋은 기업을 넘어 위대한 기업으로』의 저자이며 경영계의 구루로 알려진 짐 콜린스의 경우가 대표적입니다. 그는 모순을 끌어안아야 진리를 발견할 수 있다고 하면서, 위대한 기업들은 '둘 중에 하나'라는 'or'의 생각을 버리고 '둘 다'를 선택하는 'and'의 사고방식을 가진다고 말합니다. 그는 모순처럼 보이는 태도를 동시에 끌어안는 것이 인간의 심리에도 좋다는 것을 '스톡데일 패러독스'를 통해 설명합니다. 스톡데일은 베트남전에서 포로가 된 미군 장군이었습니다. 그는 석방 후 인터뷰에서 "수용소 생활을 견디지 못하고 죽은 사람들은 대개 낙관론자들"이라고 말하면서, 그들은 "이번 추수감사절에는 풀려나겠지, 연말에는 풀려나서 집에 돌아가겠지"라는 기대를 품다가 그것이 좌절되자 절망하고 상심하다가 죽었다는 것입니다. 하지만 자신은 모순처럼 보이는 두 가지 태도를 동시에 견지했기에 어려운 시기를 견뎌냈다고 합니다. 그는 "새해가 되도 풀려나지 못할 것"이라는 잔인한 현실을 인정하면서, 동시에 "그럼에도

불구하고 우리는 끝내 살아나갈 것"이라는 흔들리지 않는 믿음을 붙잡았다는 것입니다.[31]

양립적 사고방식으로의 전환은 성경이나 신학을 이해하는 데 있어서도 필수적입니다. 하나님의 진리가 복합적이며, 세상의 모습도 다층적이며, 인간은 하나님의 진리의 모든 조각을 완벽하게 파악할 수 없는 존재라는 것을 인식한다면, 우리는 성경의 진리를 '이것 아니면 저것'이라는 식으로 명쾌하게 정리할 수 있다는 생각을 유보하고 좀 더 겸손한 태도를 가져야 합니다.

존 스토트는 이렇게 말합니다. "진리는 중간에 있지 않고, 어느 한쪽 극단에도 있지 않으며, 오직 양쪽 극단에 있다."[32] 양쪽 극단에 진리가 있다는 것은 모순 아닌가요? 한쪽이 옳으면 그 정반대에 서 있는 것처럼 보이는 다른 쪽은 틀린 것이 아닌가요? 이것이 우리의 '이성적인' 판단입니다. 하지만 진리는 우리의 이성에 굴복되는 것이 아닙니다. 진리가 우리의 이성보다 상위의 개념

31) 짐 콜린스, 『좋은 기업을 넘어 위대한 기업으로』, 이무열 역 (서울: 김영사, 2011), 148. (빅터 프랭클도 아우슈비츠 강제수용소 수감자들을 관찰한 것을 기술한 『죽음의 수용소에서』라는 책에서 동일한 내용을 말하고 있습니다.)
32) 존 스토트, 『균형 잡힌 기독교』, 정지영 역 (서울: 새물결플러스, 2011), 16.

이기 때문입니다. 우리는 아무 고민 없이 중간 입장을 기계적으로 선택하지 않도록 해야 하며, 또한 너무 성급하게 한쪽 극단으로 달려가려는 욕망을 제어하면서, 혹시 양쪽 모두에 진리가 있는지 잘 살피는 지혜를 발휘해야 합니다. 이 과정에서 우리에게는 두 가지 노력이 필요합니다. 대립되는 것처럼 보이는 양자 모두를 붙잡으면서 각각의 장점을 취하려는 균형 잡힌 노력이 첫 번째입니다. 두 번째는, 대립되는 입장들 중에서 나의 선입견과 성향의 영향으로 섣불리 한쪽으로 달려가려는 욕구를 누르면서, 성찰하고, 자기 점검self-examination을 하고, 겸손한 마음으로 끈기있게 성경을 탐구하는 노력입니다.[33] 이런 노력을 통해서 우리는 좀 더 진리에 가까이 다가갈 수 있을 것이고, 좀 더 지혜로운 그리스도인의 삶을 가꾸어나갈 수 있을 것입니다.

---

33) D. A. Carson, "The Beauty of Biblical Balance" in *Themelios* 37.2(2012), 181.